rosenheimer raritäten

Schwedische Blumenstickereien

rosenheimer

Inhalt

Vorwort

Die Stickereien in diesem Buch sind den Hemslöjds Kalendern 1980 bis 1983 entnommen. Die Muster auf den Seiten 12 – 29 kommen vom Hemslöjdsverein aus Malmöhus län.
Die Muster auf den Seiten 30 – 49 kommen vom Hemslöjdsverein Kronobergs län, die übrigen Muster vom Verein Svensk Hemslöjd in Stockholm.

LTs Verlag

Rosen aus Großmutters Zeiten

Muster: Stig-Thore Nilsson, ein Detail aus einem alten Muster
Format: ungesäumt 35 x 35 cm, gesäumt 28 x 28 cm
Technik: Kreuzstich über 2 x 2 Fäden, doppelter Vorstich
Material: Leinen 10,5 Fäden/cm, Baumwollstickgarn
Abschluß: Saum 10 Fäden breit

MEZ Sticktwist:

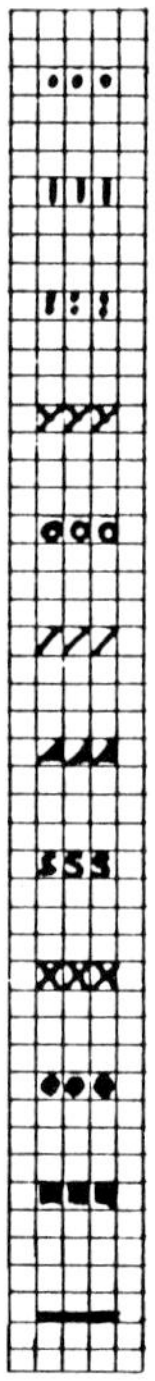

weiß 1
grau 397
helles Apricot 301
gelb 305
braun 368
rosa 894
rot 59
graugrün 858
grün 266
olivgrün 268
dunkelgrün 269
doppelter Vorstich rosa 893

So stickt man Kreuzstich

Kreuzstich sollte man immer auf ein Material sticken, auf dem man die Fäden zählen kann. Wenn auf dem Muster nichts anderes angegeben ist, stickt man den Kreuzstich über 2 x 2 Gewebefäden. Zuerst wird der Grundstich von links nach rechts gestickt (Abb. 1), danach der Deckstich von rechts nach links (Abb. 2).
Alle Deckstiche einer Kreuzstichstickerei sollen immer in gleicher Richtung laufen. Deshalb muß man manchmal, wenn das Muster es verlangt, die Kreuzstichreihen senkrecht von oben nach unten sticken (Abb. 3 und 4).
Auf der Rückseite sollen sich nur senkrechte Stiche bilden. Die Fäden werden auf der Rückseite in Stichrichtung vernäht.

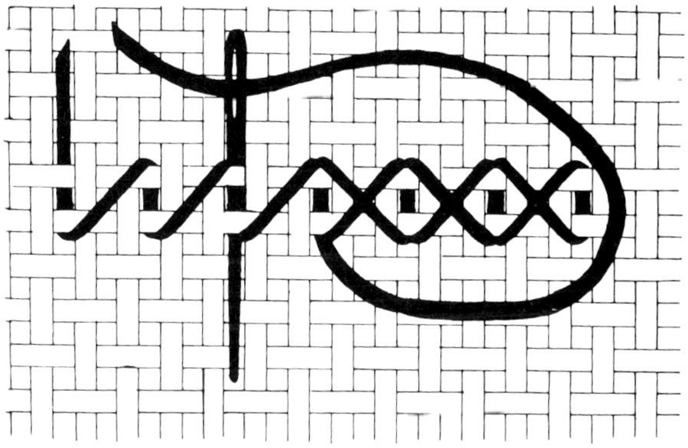

2

1

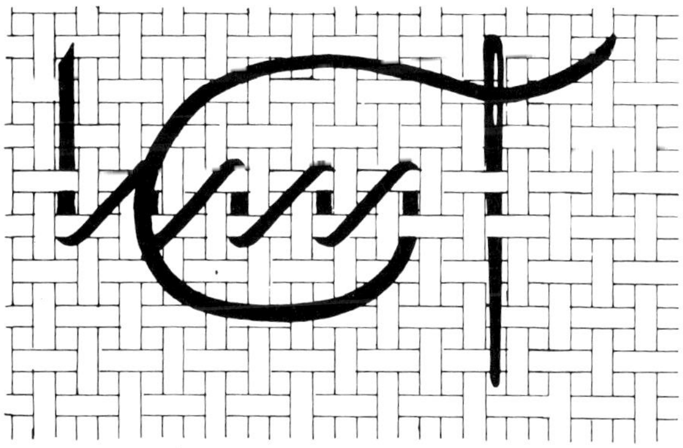

3

4

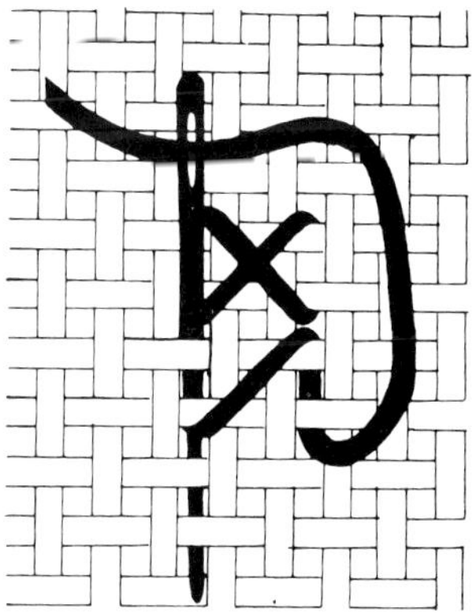

Doppelter Vorstich

Vorstich stickt man abwechselnd unter 2, über 2, unter 2 Fäden (siehe Abb. 5). Dann wird die Arbeit gedreht, und man stickt im gleichen Abstand zurück (siehe Abb. 6).

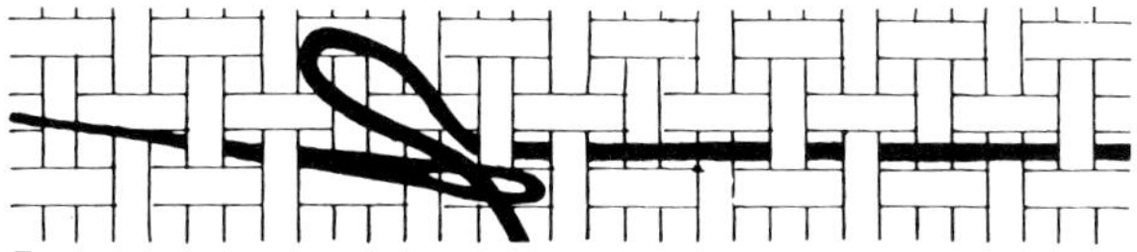

5

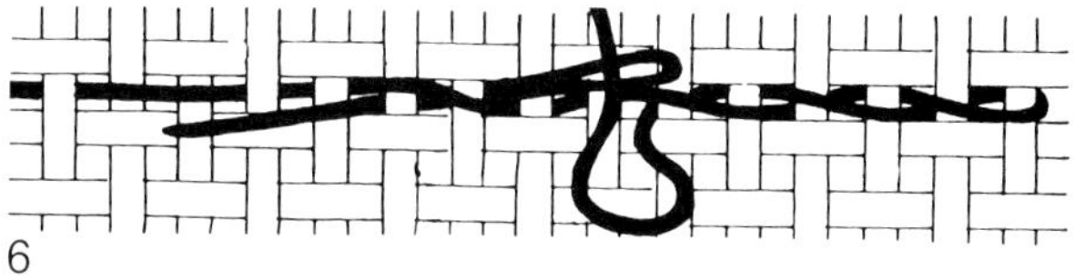

6

So stickt man Flechtstich

Flechtstich ist eine materialabhängige Sticktechnik, das heißt, man stickt über abgezählte Fäden. Die Technik ist dem Kreuzstich ähnlich. Der Unterschied besteht darin, daß man wechselweise einen kurzen und einen doppelt so langen Stich stickt, was eine geflechtähnliche Wirkung ergibt.

Abb. 1 zeigt, wie man die erste Reihe stickt. Man beginnt mit einem kurzen Stich (a) von links nach rechts, fährt mit einem kurzen Stich (b) von rechts nach links weiter und danach (c) mit einem langen Stich von links nach rechts. Dann geht es weiter mit einem kurzen – langen – kurzen Stich usw. Die Reihe wird mit einem kurzen Stich abgeschlossen.

Abb. 2 zeigt die erste Reihe, gestickt wie oben von links nach rechts, sowie die zweite Reihe, von rechts nach links, ohne daß die Arbeit gedreht wird. Die dritte Reihe wird wie die erste gestickt, die vierte wie die zweite usw. Diese Technik wird einreihiger Flechtstich genannt.

Abb. 3 zeigt die erste Reihe (auf der Abb. unten), gestickt von links nach rechts wie auf Abb. 1. Dann wird die Arbeit gedreht und die zweite Reihe (auf der Abb. oben) auf dem Rückweg umgekehrt gestickt. Die dritte Reihe wird nach weiterem Drehen wie die erste gestickt usw. Die Arbeit wird also nach jeder Reihe gedreht, dadurch stickt man immer von links nach rechts. Diese Methode nennt man den zweireihigen Flechtstich. Er hat eine breitere Streifenwirkung als der einreihige, weil zwei Reihen immer enger beieinander liegen. Beachten Sie die Unterschiede in der Lage der langen Stiche (Abb. 2 und 3).

Auf den Flechtstichmustern wird die Stickrichtung meist mit Pfeilen angegeben. Ist keine Richtung angegeben, stickt man in der Längsrichtung der betreffenden Partie. In den Stickereien dieses Buches, in denen keine Stickrichtung angegeben ist, werden alle Partien in senkrechter Richtung gestickt.

Das Garn soll die Fläche gut decken, deshalb darf man die Stiche nicht zu stark zusammenziehen. Aus dem gleichen Grunde sollte man Flechtstich im Rahmen sticken. Das Garn wird auf der Vorderseite der Stickerei vernäht, indem man es in Stickrichtung unter den Stichen durchzieht.

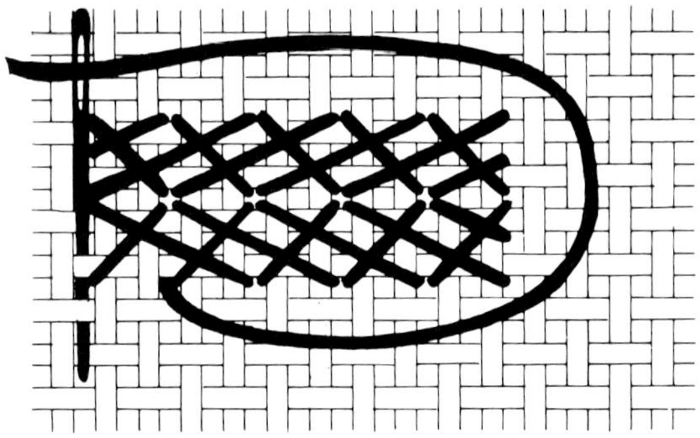

2

1

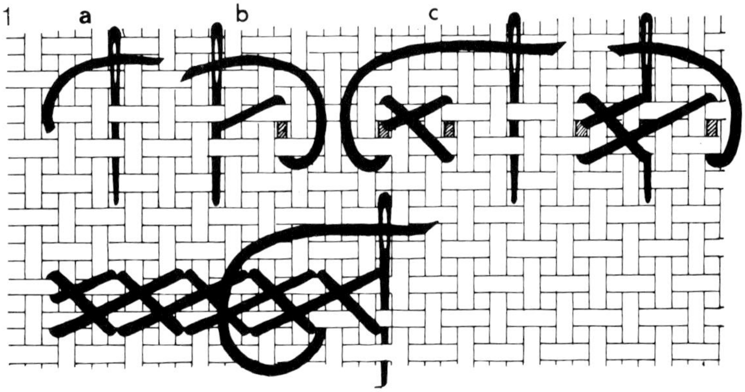

3

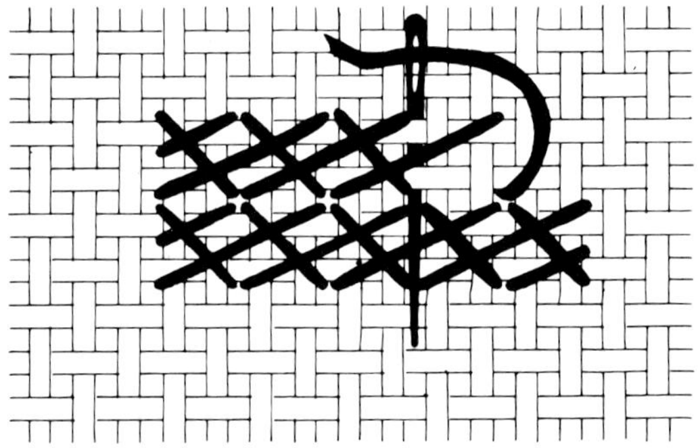

Der Hohlsaum

Ein Hohlsaum wird normalerweise über drei Fäden genäht. Er kann auch über zwei oder mehrere Fäden genäht werden, je nach der Dichte des Leinens.
Der schraffierte Teil auf der Abbildung zeigt den eingeschlagenen Saum auf der Rückseite. Man stickt zuerst über drei Fäden und danach einen kleinen Stich in den Saum usw. Auf der Vorderseite darf der kleine Stich nicht sichtbar sein.

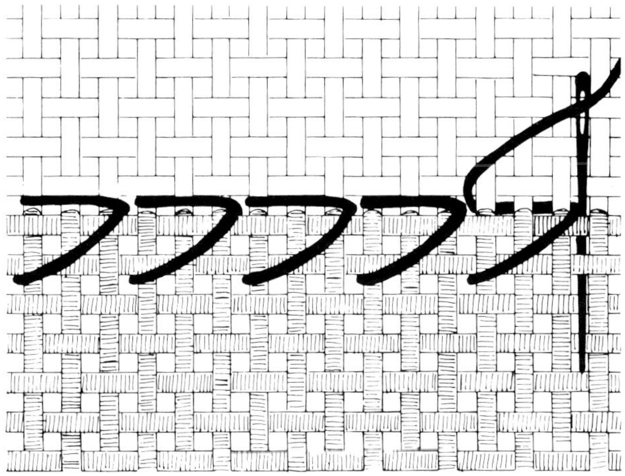

Material und Abschluß

Die Stickereien sind auf drei verschiedene Sorten von Leinen gestickt. Diese unterscheiden sich durch die Anzahl von Fäden pro cm.

Wir nennen sie:

Leinen I: 7 – 8 Fäden/cm, z. B. »Cork« von Zweigart & Sawitzki, Sindelfingen.

Leinen II: 8 – 9 Fäden/cm, z. B. das neunfädige Leinen von Weddigen, Herford. Dieses Leinen eignet sich für die Stickereien auf Seite 30 – 49.

Leinen III: 10 – 11 Fäden/cm, z. B. »Dublin« von Zweigart & Sawitzki, Sindelfingen. Dieses Leinen eignet sich für die Stickereien auf Seite 50 – 83.

Bei den Mustern ist jeweils diese Ziffer angegeben. Hat man Schwierigkeiten, bei den feinen Leinen die Fäden zu zählen, so ist ein spezielles Vergrößerungsglas für Stickereien eine gute Hilfe.

Zum Besticken verwenden wir MEZ Sticktwist, der eine schöne matte Oberfläche ergibt. Demgegenüber sind Perlgarne weniger geeignet. Die Nummern neben den Farbangaben beziehen sich dementsprechend auf das Angebot dieses Herstellers.

Abschlüsse
Die runden Kreuzstichstickereien kann man als Deckchen, Kissen oder Bilder verwenden (siehe Abb. auf Seite 11). Dementsprechend wird man unterschiedliche Abschlüsse verwenden.

Kissen
Format: unmontiert 37 x 70 cm, montiert 29 x 29 cm
Innenkissen: 32 x 32 cm
Als Abschluß dreht man eine dünne Kordel aus dem Garn, mit dem der Rahmen gestickt wurde.

Deckchen
Format: ungesäumt 37 x 37 cm, gesäumt 31 x 31 cm
Der Saum, 1 cm breit, liegt außerhalb der Stickerei.

Bild
Format: unmontiert 37 x 70 cm, montiert 29 x 29 cm
Die Stickerei wird auf ein festes Stück Karton montiert. Man schlägt das Leinen um den Karton und vernäht auf der Rückseite. Eine Stickerei sollte nie auf eine Platte geklebt werden, da man sie dann nicht zum Waschen abnehmen kann. Eventuell kann als Abschluß eine dünne Kordel um das Bild genäht werden.

Flechtstichstickereien kann man als Bilder oder Kissen verwenden.

Kissen
Format: unmontiert 35 x 65 cm, montiert 28 x 29 cm
Sticken Sie eine Reihe von Stielstichen um die ganze Stickerei oder nähen Sie eine Kordel in passender Farbe als Abschluß an.

Schräg genähte Ecken

Schlagen Sie die Säume fadengerade rings um die Arbeit doppelt ein und pressen Sie (Abb. 1x) so, daß die Falze deutlich im Leinen zu sehen sind, wenn man die Säume wieder zurückschlägt. Legen Sie die Stoffecken entlang der gestrichelten Linie 1a gegen die Rückseite um. Falten Sie danach entlang der gestrichelten Linie 2b gegen die Vorderseite zusammen. Nähen Sie die Teile 3c mit kleinen, feinen Überfangstichen zusammen. Schlagen Sie die Stoffecke zurück und schneiden Sie den überflüssigen Stoff entlang der Linie 4 weg. Die Naht wird gut glattgestrichen, umgestülpt und dann eingesäumt.

Bild
Format: unmontiert 25 x 30 cm, montiert 18 x 22 cm
Sticken Sie eine Reihe von Stielstichen um die ganze Stickerei. Verwenden Sie dazu zwei Fäden in passender Farbe. Schlagen Sie den Saum dicht an der Stickerei ein und säumen Sie auf der Rückseite. Die Bilder kann man, wie die Abbildung auf Seite 11 zeigt, entweder einzeln oder zu mehreren auf einer mit Leinen verkleideten Platte montieren.

Gerade genähte Ecken

Gerade Ecken sind einfacher zu nähen als schräge. Man verwendet sie für schmale Säume an lockeren Stoffen oder wenn die Säume verschiedene Breiten haben. Schlagen Sie die Säume fadengerade um die Arbeit doppelt ein und falzen Sie (Abb. 1 x 1 und x 2) so, daß die Falten deutlich im Leinen zu sehen sind, wenn man die Säume wieder zurückschlägt; o = geschnittene Stoffkante. Schneiden Sie die Ecke wie auf Abb. 1 aus. Man legt auf beiden Seiten der Ecke den halben Saum um (Abb. 2). Danach schlägt man die tiefer eingeschnittene Seite zuerst ein (Abb. 3), zuletzt die andere Seite (Abb. 4) und säumt.

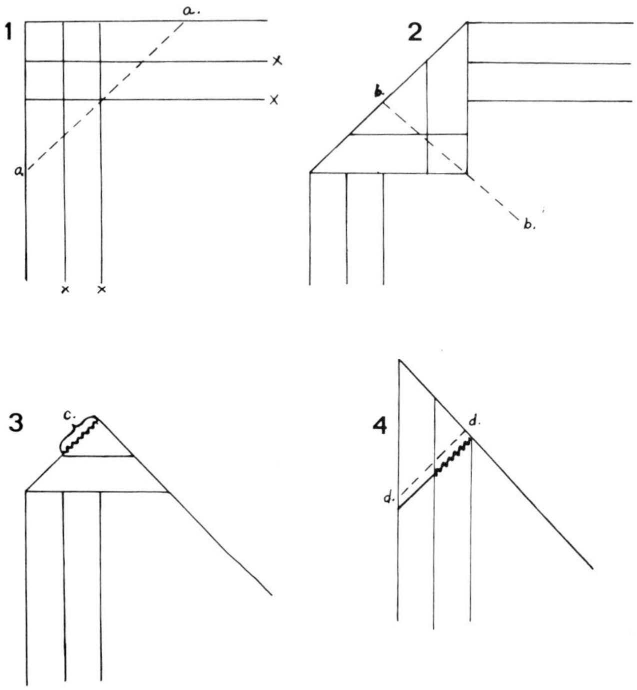

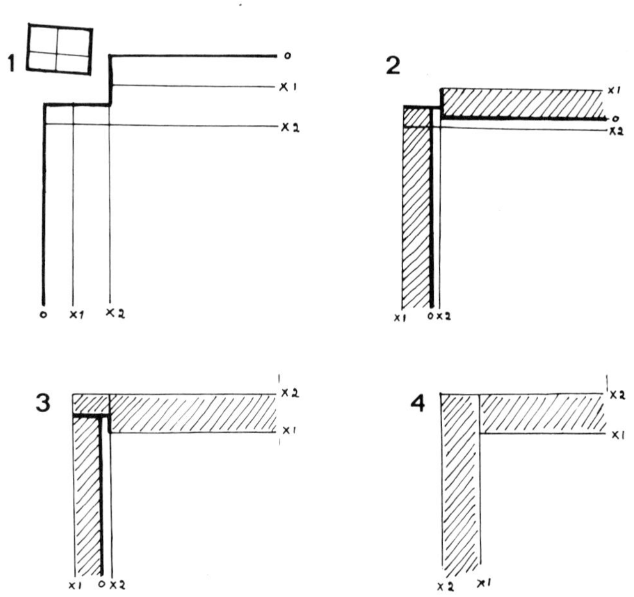

Weidenröschen als Kissen

Weihnachtssterne als Deckchen oder als Bild

Mistel, Maiglöckchen und Eichenlaub auf einer mit grünem Leinen verkleideten Platte.

Vögel auf Zweigen – Wandbilder oder Tischläufer

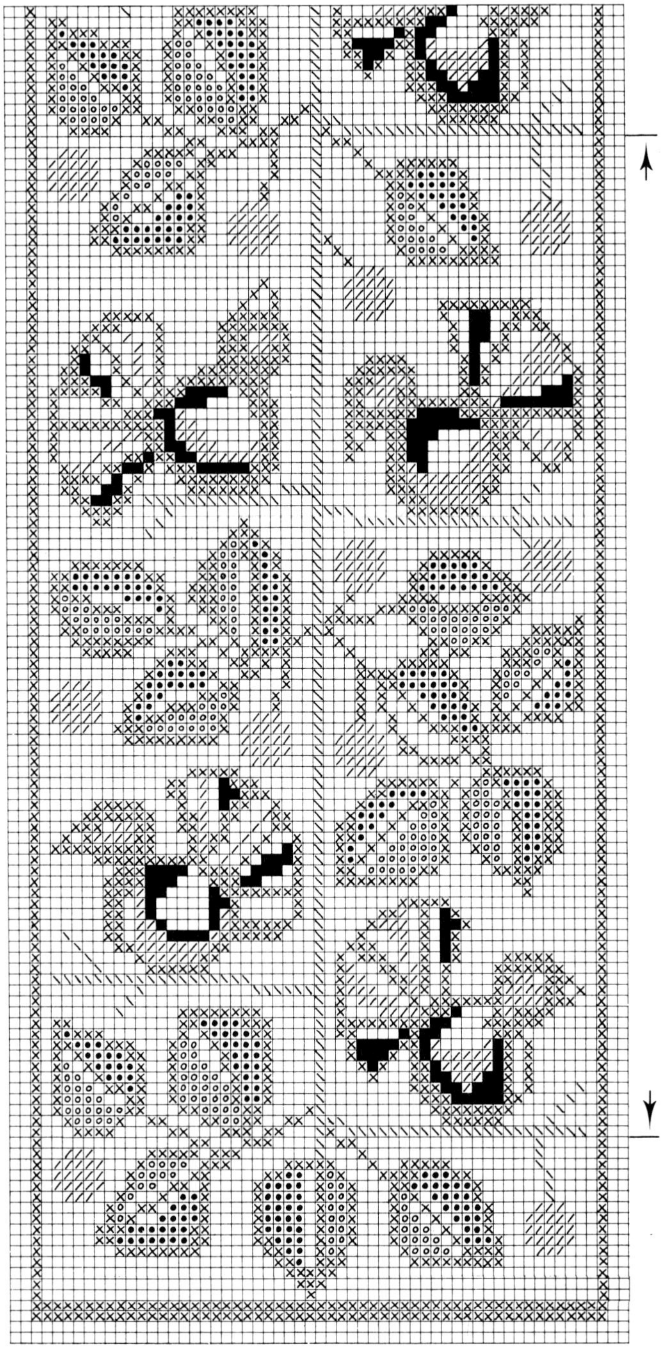

Muster: Mona Carbe
Format: ungesäumt 30 cm x gewünschte Länge (Tischläufer ca. 140 cm)
gesäumt 14 cm x gewünschte Länge (Wandbild ca. 130 cm)
Stickgrund: Leinen I
Zwischen den Pfeilen wird ein Rapport angezeigt. Das Muster wird so oft wiederholt, bis die gewünschte Länge erreicht ist. Als Abschluß stickt man 2 Reihen von Kreuzstichen.

MEZ Sticktwist:

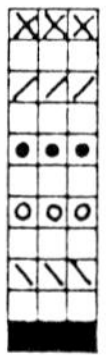

= blau 131
= dunkelblau 119
= oliv 844
= türkis 168
= petrol 799
= braun 370

Kleeblatt-Deckchen

Muster: Kerstin Mauritzson
Format: ungesäumt 32 x 32 cm, gesäumt 27 x 27 cm
Technik: Kreuzstich und Flechtstich. Die im Muster mit Pfeilen angezeigten Teile werden in angegebener Richtung im Flechtstich gestickt. Das Deckchen kann aber auch nur in Kreuzstich gearbeitet werden.
Die Pfeile außerhalb des Musters zeigen die Mitte der Stickerei an.
Stickgrund: Leinen I
Abschluß: siehe Bild

MEZ Sticktwist:

blaue Farbstellung:
1 = hellblau 929
2 = graublau 976
x = weiß 1

MEZ Sticktwist:

gelbe Farbstellung:
1 = hellgelb 289
2 = dunkelgelb 298
x = weiß 1

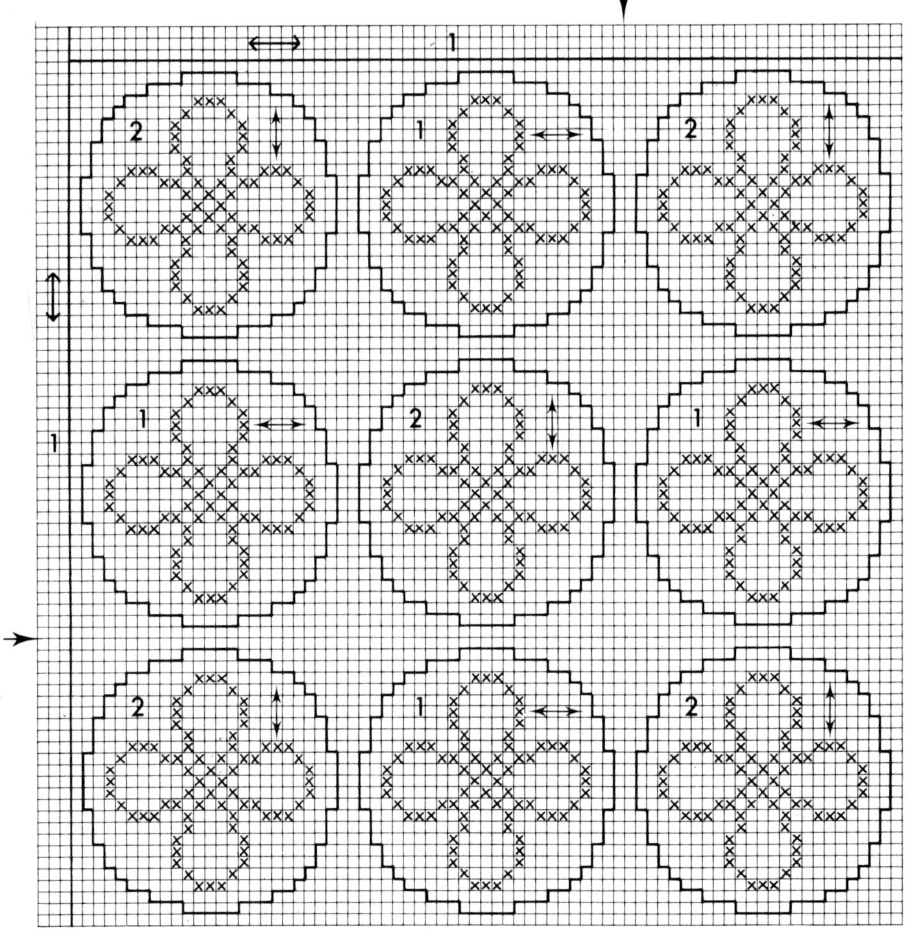

Margeriten-Deckchen

Muster: Kerstin Mauritzson
Format: ungesäumt 30 x 30 cm, gesäumt 24 x 24 cm
Stickgrund: ungebleichtes Leinen II
Abschluß: 4 Fäden nach der letzten Kreuzstichreihe.
Die Pfeile zeigen die Mitte des Musters an.

MEZ Sticktwist:

- = altweiß 2, doppelter Faden
- = dunkelgrün 262
- = gelb 297
- = dunkelgelb 306
- = dunkelgrün 269
- = hellgrün 260

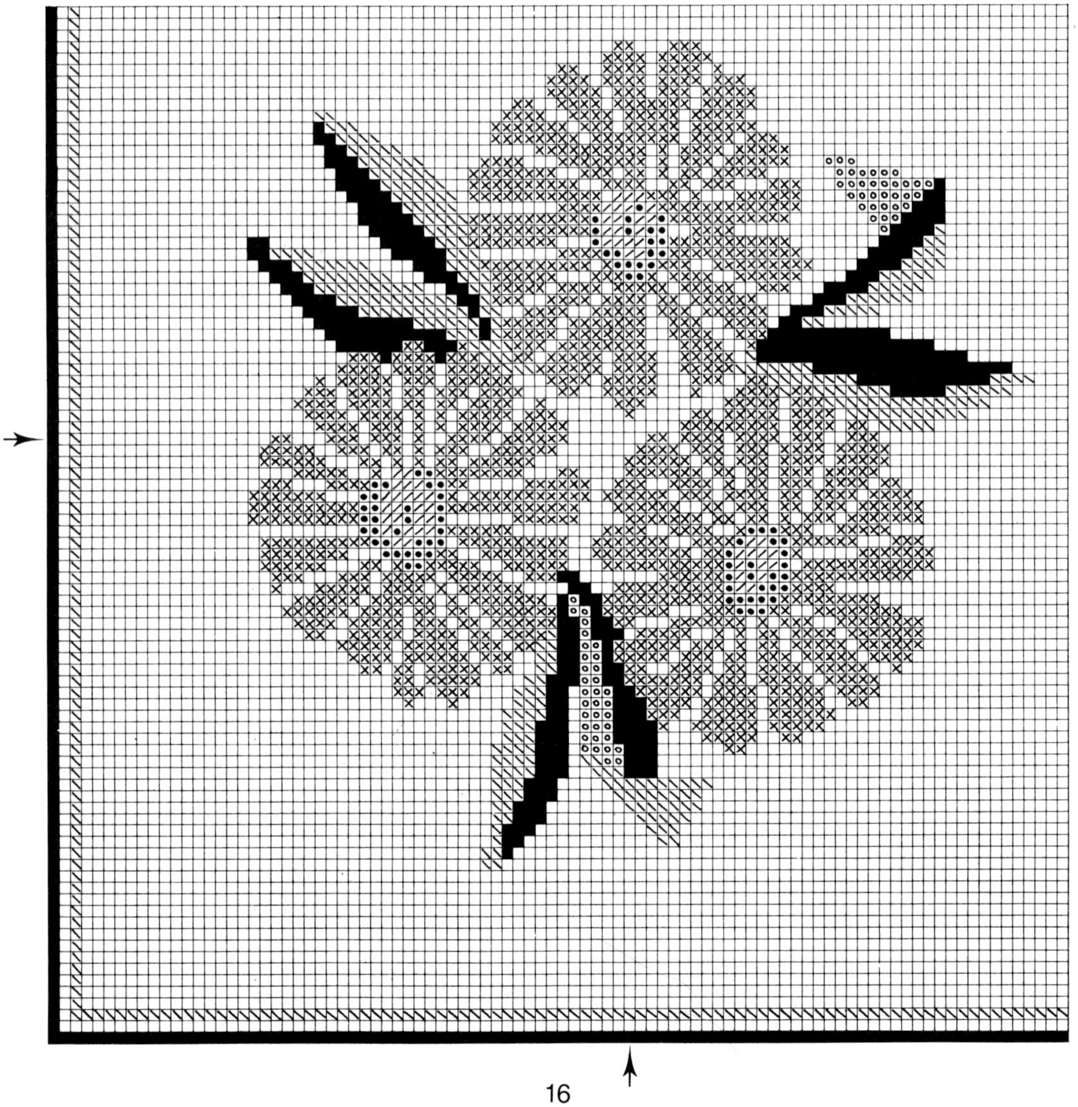

Oster-Tischläufer

Muster: Kerstin Mauritzson
Format: ungesäumt 28 x 85 cm, gesäumt 22 x 78 cm
Stickgrund: Leinen I
Abschluß: siehe Bild
Der Tischläufer besteht aus 16 Ostereiern.

MEZ Sticktwist:

grüne Farbstellung:
- ■■■ = dunkelgrün 268
- XXX = oliv 266
- ••• = gelbgrün 280

MEZ Sticktwist:

gelbe Farbstellung:
- ■■■ = braun 308
- XXX = goldgelb 291
- ••• = hellgelb 289

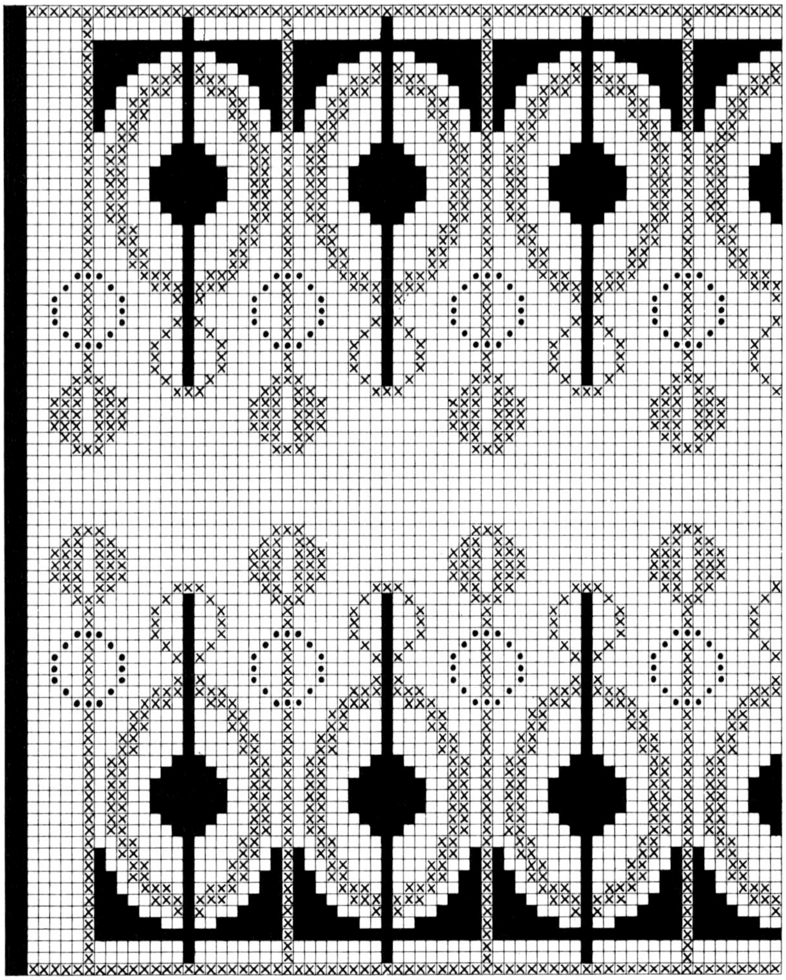

Tulpen-Tischläufer

Muster: Eva Nelander
Format: ungesäumt 23 x 86 cm, gesäumt 17 x 80 cm
Stickgrund: Leinen I

Der Läufer ist auf ein 17 cm breites Leinenband mit grauer, gewebter Kante gestickt. Man kann auch Leinen I verwenden und anstatt der grauen Kante 2 Reihen von Kreuzstichen mit grauem Sticktwist sticken.
Der ganze Läufer besteht aus 11 Tulpen pro Seite.

MEZ Sticktwist:

■ = hellblau 928
XXX = blau 929

Blaubeeren und Walderdbeeren – kleine Deckchen

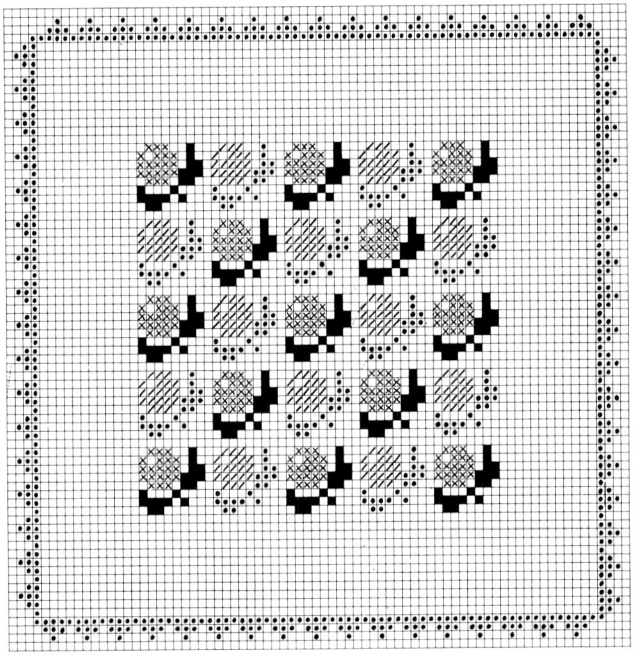

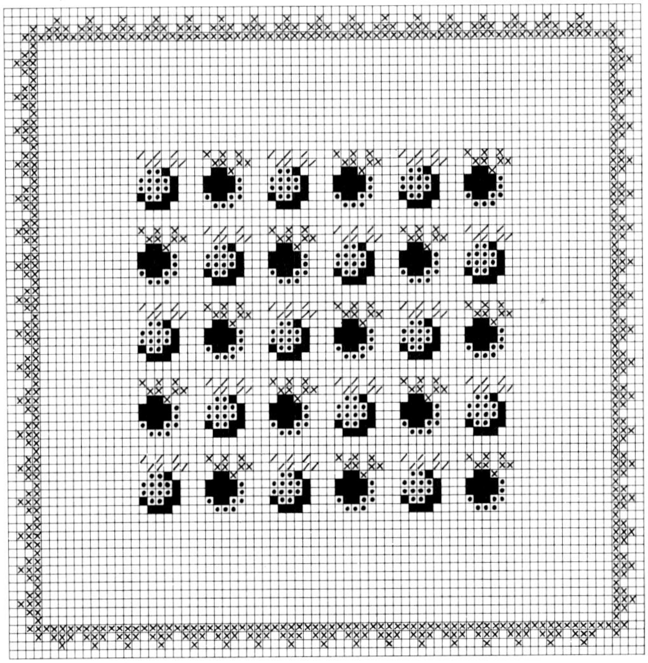

Muster: Erna Gislev
Format: ungesäumt 20 x 20 cm, gesäumt 15 x 15 cm
Stickgrund: Leinen III
Abschluß: 2 Fäden außerhalb der Borte.
Achten Sie darauf, daß das Muster an den Ecken nicht symmetrisch ist.

MEZ Sticktwist:

Blaubeeren
= rosarot 28
= blau 132
= grün 267
= graublau 921

MEZ Sticktwist:

Walderdbeeren
= oliv 267
= rot 47
= blau 977
= rosa 52

Klematis-Tischläufer

Muster: Kerstin Arvidsson
Format: ungesäumt 25 x 82 cm, gesäumt 19 x 75 cm
Stickgrund: Leinen I
Abschluß: siehe Bild

Der Läufer besteht aus 5 Partien mit Blumen

MEZ Sticktwist:

- ••• = hellblau 128
- ■■■ = preußischblau 148
- \\\ = himmelblau 129
- ooo = grün 878
- XXX = hellgrün 842

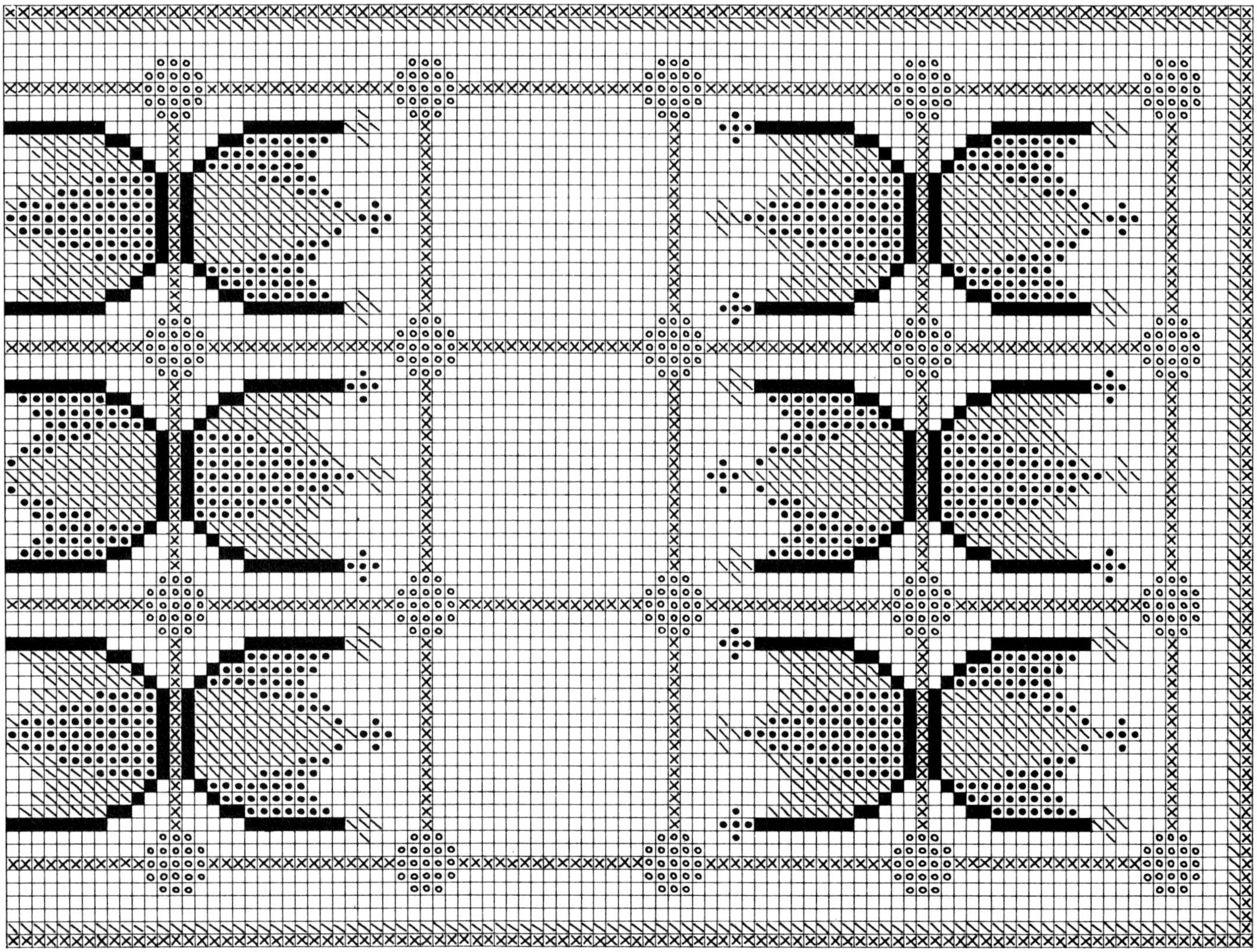

Huflattich-Deckchen

Muster: Kerstin Mauritzson
Format: ungesäumt 35 x 35 cm, gesäumt 30 x 30 cm
Stickgrund: Leinen III
Abschluß: 4 Fäden nach der letzten Kreuzstichreihe

Die Pfeile zeigen die Mitte der Stickerei an.

MEZ Sticktwist:

grüne Farbstellung:
■ = oliv 844
• = gelbgrün 278
x = hellgrün 279
/ = goldgelb 297

MEZ Sticktwist:

gelbe Farbstellung:
■ = braun 309
• = goldgelb 297
x = ocker 307
/ = gelb 305

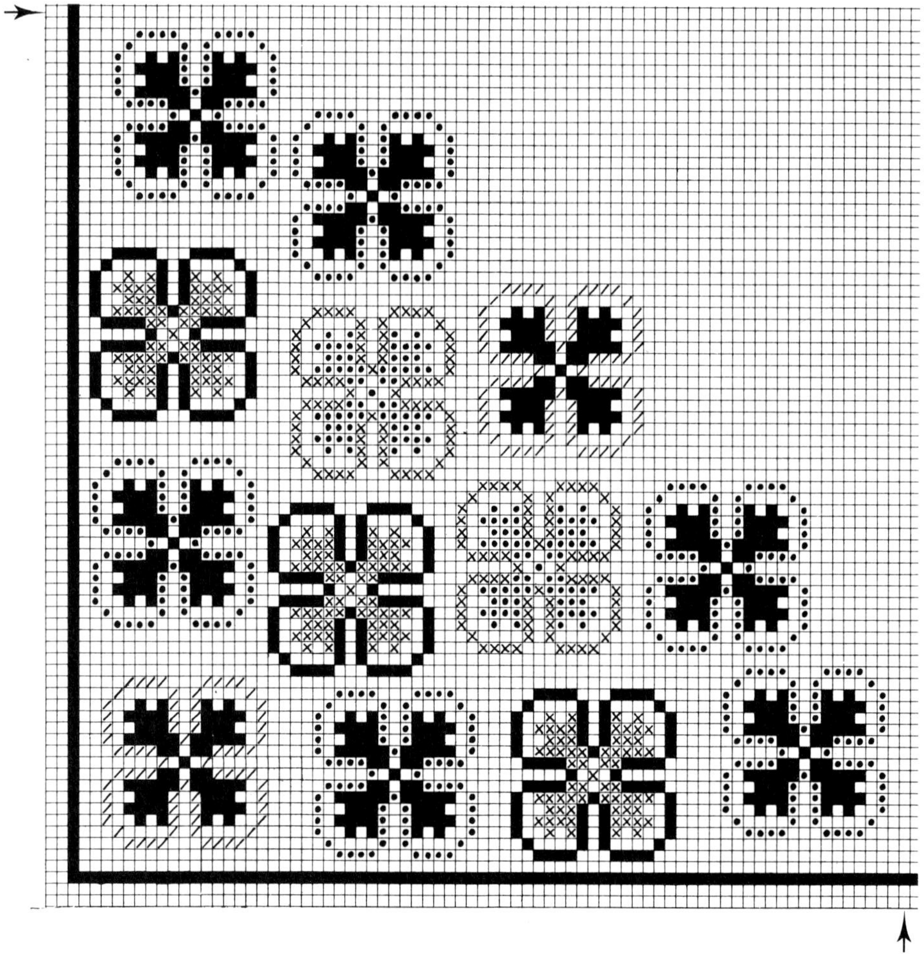

Herzgirlande-Weihnachtsdecke

Muster: Kerstin Mauritzson
Format: ungesäumt 150 x 200 cm, gesäumt 140 x 190 cm
Stickgrund: Leinen I
Abschluß: 5 – 6 Fäden außerhalb der letzten Kreuzstichreihe.

Das Muster in der Mitte der Decke besteht aus 6 Rapporten und einer gefüllten Partie des Musters. Der Pfeil zeigt die Mitte der Stickerei an.

MEZ Sticktwist:

rote Farbstellung:
■ = weinrot 69
• = rosarot 54
x = orange 330

MEZ Sticktwist:

blaue Farbstellung:
■ = blau 940
• = graublau 921
x = hellblau 145

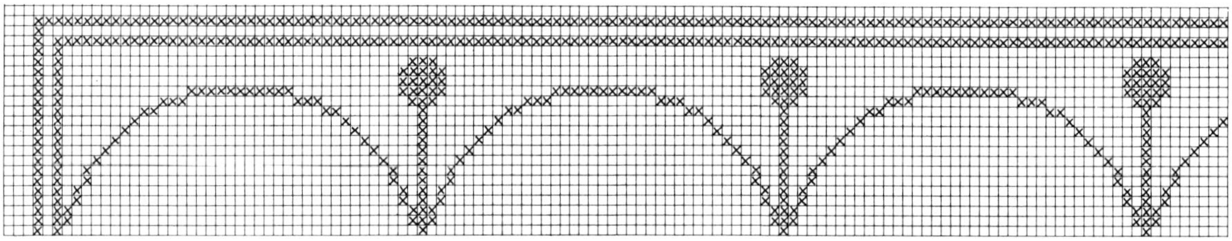

Blumenkranz als Wandbild, Deckchen oder Kissen

MEZ Sticktwist:

(2 Fäden)

= grasgrün 243
= dunkelgrün 246
= grün 256 und lila 110
= grün 256 und hellgrün 208
= hellgrün 265
= hellgrün 265 und gelbgrün 278
= hellgelb 288
= gelb 297
= orange 303
= hellrosa 892
= weiß 2
= hellgelb 288
= hellblau 117 und mittelblau 131
= dunkelblau 133 und mittelblau 131
= mittelblau 131

= doppelte Vorstiche über 2 Fäden, MEZ 256 und 873 zwischen den Leberblümchen

= doppelte Vorstiche über 2 Fäden, MEZ 892, 1 Faden um die Windröschen, wo Blumenblätter an das Leinen grenzen.

= doppelte Vorstiche, 8 St über 2 Fäden, MEZ 288, 2 Fäden um die Mitte der Windröschen.

Kleiner Winterling – Wandbild oder Deckchen

MEZ Sticktwist:

(2 Fäden)

- ooo = hellgrün 208
- ●●● = hellgrün 208 und gelbgrün 256
- XXX = lindgrün 265
- VVV = hellgelb 300
- ··· = hellgelb 288 und dunkelgelb 297
- /// = dunkelgelb 297
- ■ = die Umrahmung wird mit MEZ 256 und 208 gestickt.

Leberblümchen – Wandbild, Deckchen oder Kissen

MEZ-Sticktwist:

(2 Fäden)

- (●●●) = lila 110 und mittelblau 131
- (VVV) = lila 110 und dunkelblau 133
- (·:·) = lila 110 und hellblau 117
- (XXX) = grasgrün 256
- (\\\) = oliv 267
- (ooo) = oliv 267 und lila 873
- (///) = weiß 2 und grün 265

= doppelter Vorstich über 2 Fäden, MEZ 256 und 110, für die Stengel

= doppelter Vorstich über 2 Fäden, MEZ 256, 2 Fäden für die Stengel

= die Umrahmung der Stickerei wird mit MEZ 256 und 267 gestickt

Schlüsselblume – Wandbild oder Deckchen

MEZ Sticktwist:

(2 Fäden)

- = gelb 288
- = orange 303
- = gelb 300 und hellgrün 265
- = hellgrün 265
- = grün 256
- = grün 256 und 208
- = die Umrahmung der Stickerei wird mit MEZ 256 und 208 gestickt.

Linnea – Wandbild oder Deckchen

MEZ Sticktwist:

(2 Fäden)

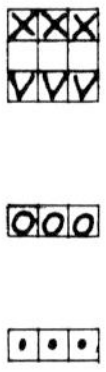

= oliv 267

= grün 256 und oliv 267

= oliv 267 und braun 355

= rosa 8 und hellrosa 892

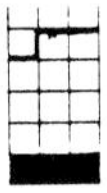

= doppelter Vorstich über 2 oder 3 Fäden MEZ 267, 1 Faden in allen Stengeln

= die Umrahmung der Stickerei wird mit MEZ 267 und 256 gestickt

Glockenblumen – Wandbild

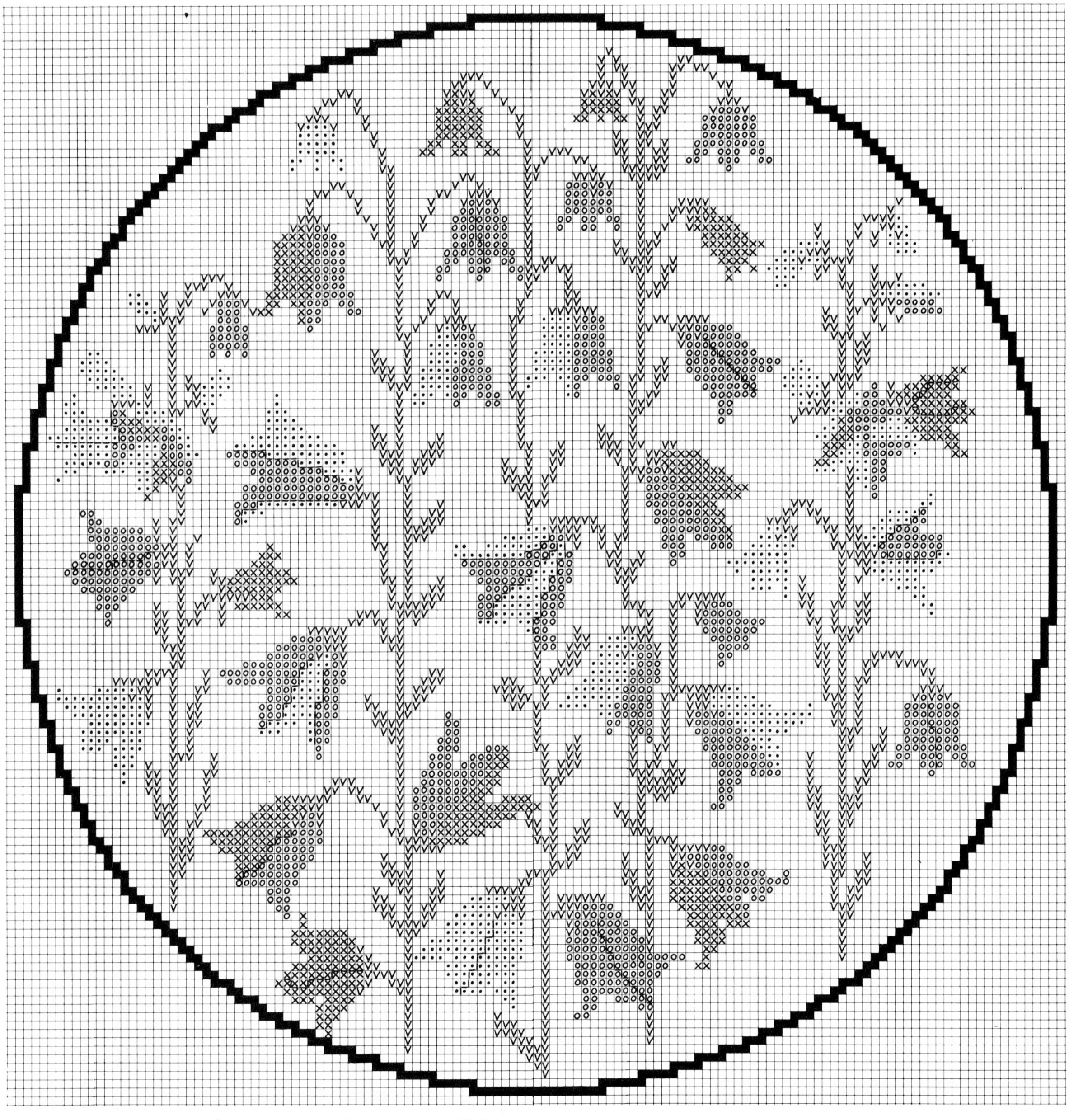

MEZ Sticktwist:

(2 Fäden)

VVV = grün 257
••• = blau 930
ooo = hellblau 929
XXX = taubenblau 121

= doppelter Vorstich über 2 Fäden, MEZ 930, in einem Teil der Blüten

= die Umrahmung der Stickerei wird mit MEZ grün 208 und oliv 257 gestickt

Weidenröschen – Wandbild

MEZ Sticktwist:

(2 Fäden)

- = grün 256 und lila 99
- = grün 257
- = oliv 268
- = lila 99 und flieder 87
- = lila 87
- = lila 87 und rot 42
- = himbeerrot 42
- = oliv 256 und rot 42
- = grün 256 und 208
- = die Umrahmung der Stickerei wird mit MEZ 256 gestickt.

Preisselbeeren – Wandbild, Deckchen oder Kissen

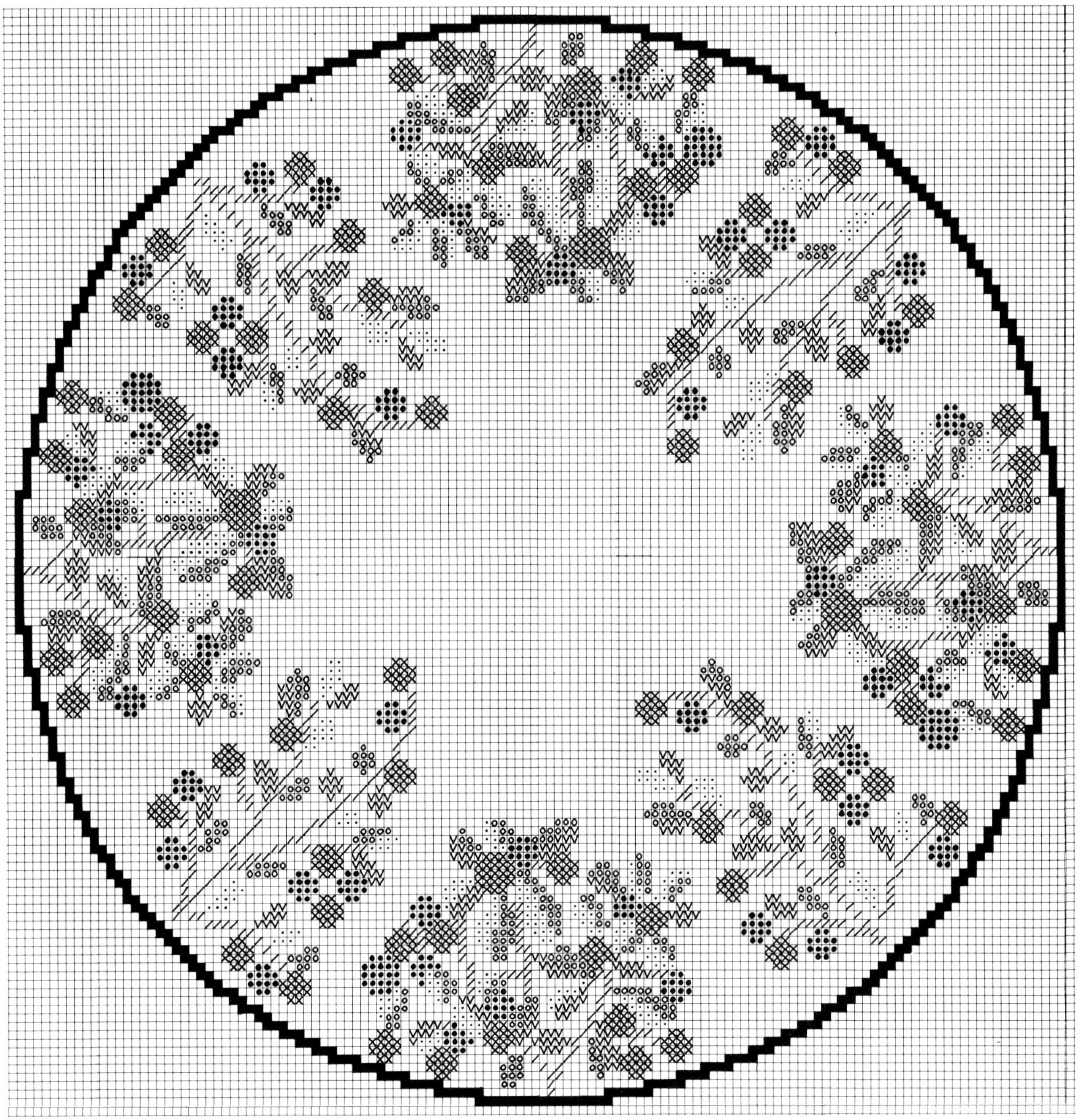

MEZ Sticktwist:

(2 Fäden)

XXX = rot 46
●●● = rot 46 und dunkelrot 43
/// = hellgrün 265
ooo = grün 256
··· = dunkelgrün 862
VVV = grün 256 und 208
▬ = die Umrahmung der Stickerei wird mit MEZ 256 und 208 gestickt

Enzian – Wandbild oder Deckchen

MEZ Sticktwist:

(2 Fäden)

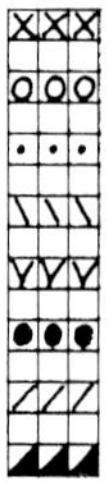

= blau 133
= blau 133 und lila 873
= hellblau 117
= blau 131 und 133
= grün 256
= dunkelgrün 269
= hellgrün 265
= grün 263 und lila 873

= doppelter Vorstich über 2 Fäden MEZ 133, 2 Fäden, in den Blumen

= doppelter Vorstich über 2 Fäden MEZ 873, in den Blumen

= die Umrahmung der Stickerei wird mit MEZ 263 und 256 gestickt

Weihnachtssterne – Wandbild

MEZ Sticktwist:

(2 Fäden)

- ZZZ = rot 46
- ••• = rot 46 und dunkelrot 43
- ΛΛΛ = gelb 288
- XXX = grün 257
- ●●● = dunkelgrün 269
- ✓✓✓ = grün 256 und 208
- ▬ = die Umrahmung der Stickerei wird mit MEZ 256 und 208 gestickt

Flachs

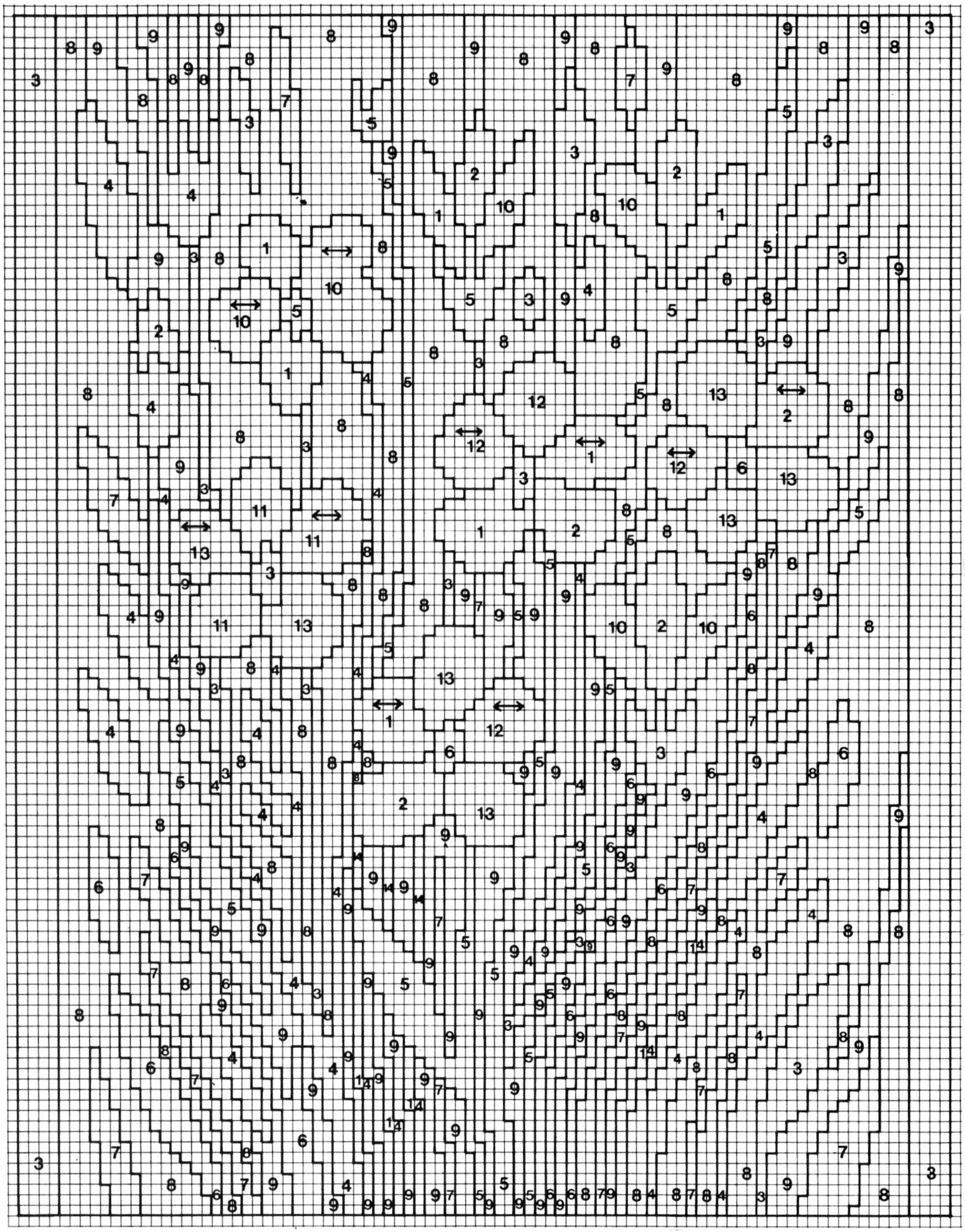

MEZ Sticktwist:

(2 Fäden)
1 = hellblau 117 und blau 120
2 = blau 117 und 131
3 = grün 227
4 = dunkelgrün 269
5 = sehr dunkles Grün 218
6 = grün 266 und hellbraun 943
7 = moosgrün 215
8 = weiß 2
9 = weiß 2
10 = blau 118
11 = hellblau 976
12 = blau 131
13 = hellblau 121
14 = dunkelgrün 218

Vergißmeinnicht

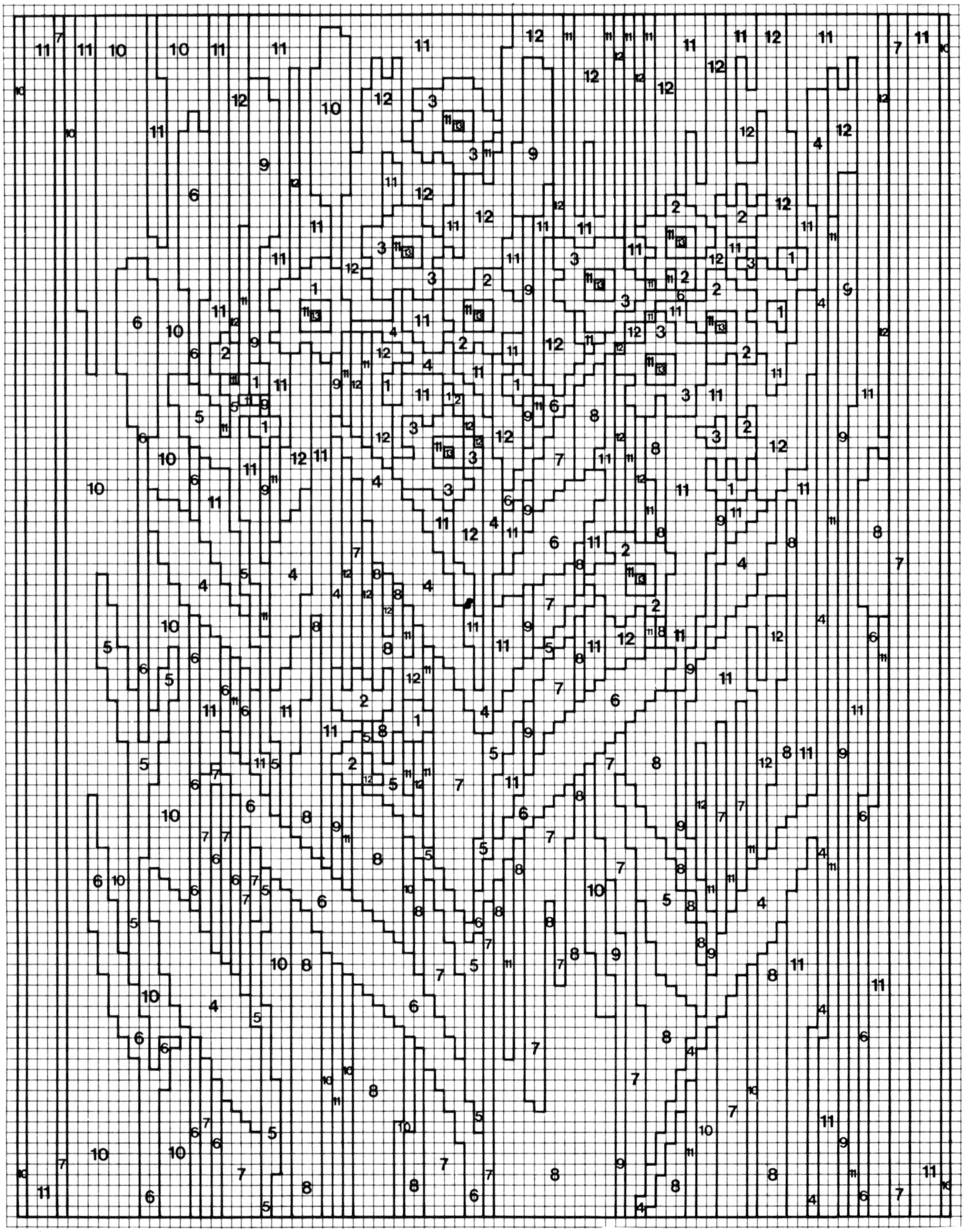

MEZ Sticktwist:

(2 Fäden)
1 = hellblau 120 und 976
2 = blau 130 und 976
3 = blau 130
4 = hellgrün 265
5 =moosgrün 215
6 = grasgrün 258
7 = grün 215 und 875
8 = grünblau 217
9 = grün 257 und 208
10 = helles Moosgrün 214
11 = weiß 2
12 = hellgrün 875 und 900

Der Stich in der Blumenmitte ist mit zwei Fäden MEZ 258 gestickt

Berganemone

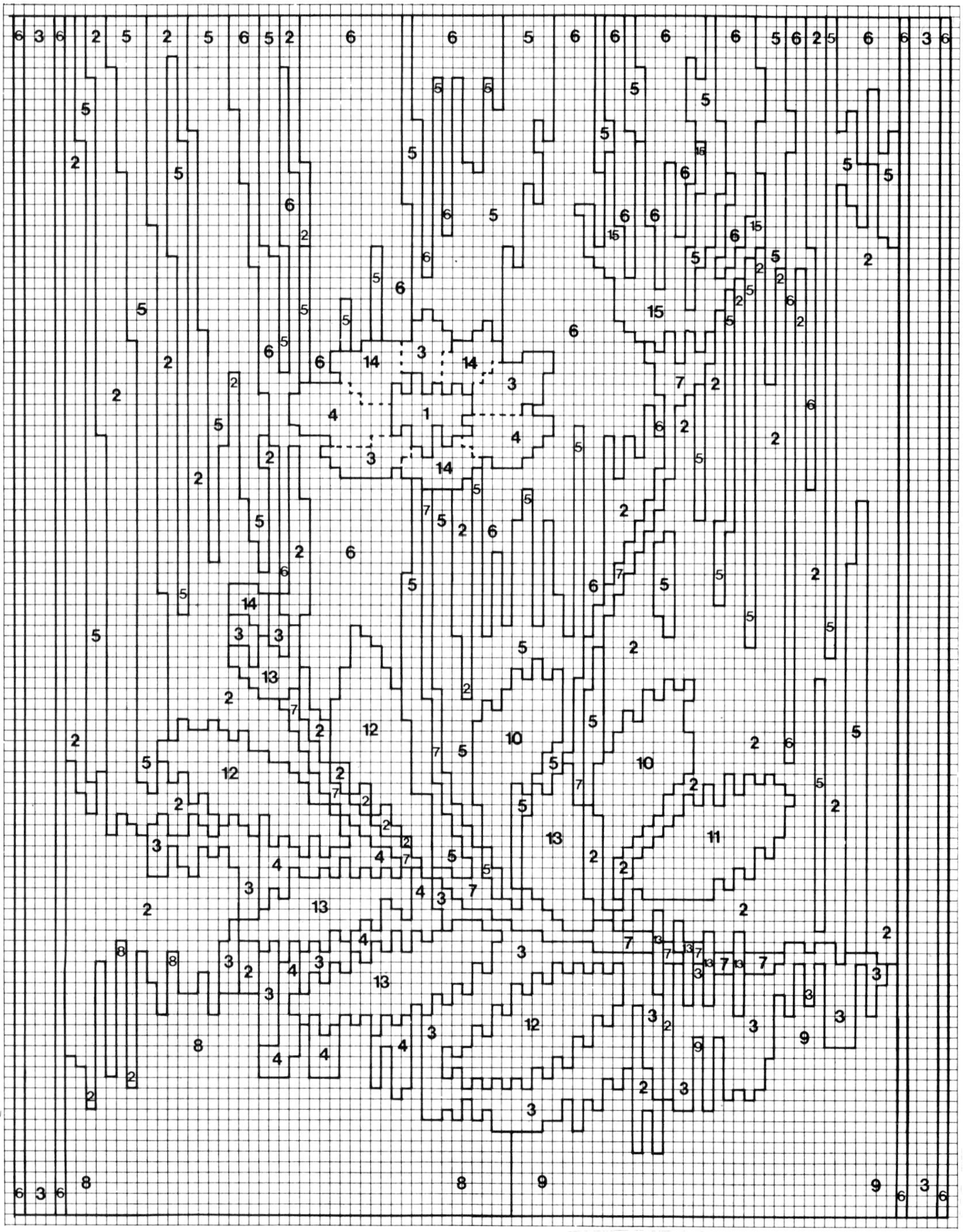

MEZ Sticktwist:

(2 Fäden)

1 = goldgelb 890
2 = grau 398 uind 853
3 = weiß 2
4 = weiß 2
5 = dunkelbraun 905
6 = dunkelbraun 380 und anthrazit 400
7 = orange 329
8 = olive 261
9 = grün 265 und 214
10 = grün 879 und oliv 861
11 = grün 262
12 = dunkelgrün 258
13 = grün 215
14 = hellblau 975
15 = weiß 2 und beige 391

Die großen Partien mit der Farbe 6 werden abwechselnd in zwei verschiedenen Nuancen gestickt.
Die gestrichelten Linien zwischen den Blütenblättern stickt man mit 2 Fäden braun MEZ 903 im Steppstich

Sonnenröschen

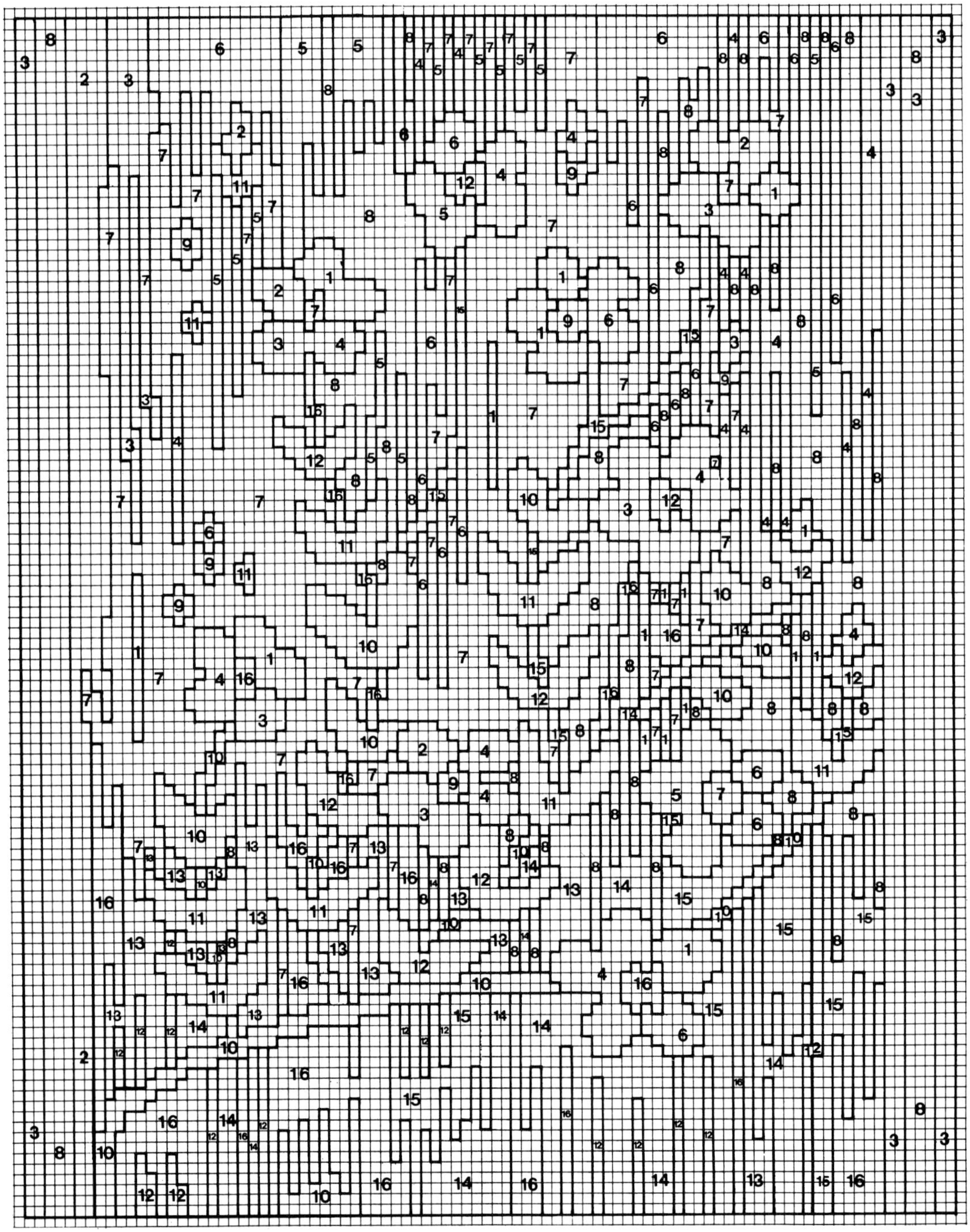

MEZ Sticktwist:

(2 Fäden)

1 = orange 303
2 = goldgelb 298
3 = gelb 297 und orange 303
4 = gelb 297
5 = gelbgrün 279
6 = gelb 297
7 = weiß 2
8 = weiß 2
9 = oliv 267
10 = hellgrün 265
11 = oliv 267
12 = grasgrün 257
13 = schwarz 403
14 = grünblau 922 und schwarz 403
15 = dunkelgrün 923
16 = oliv 267

Heidekraut

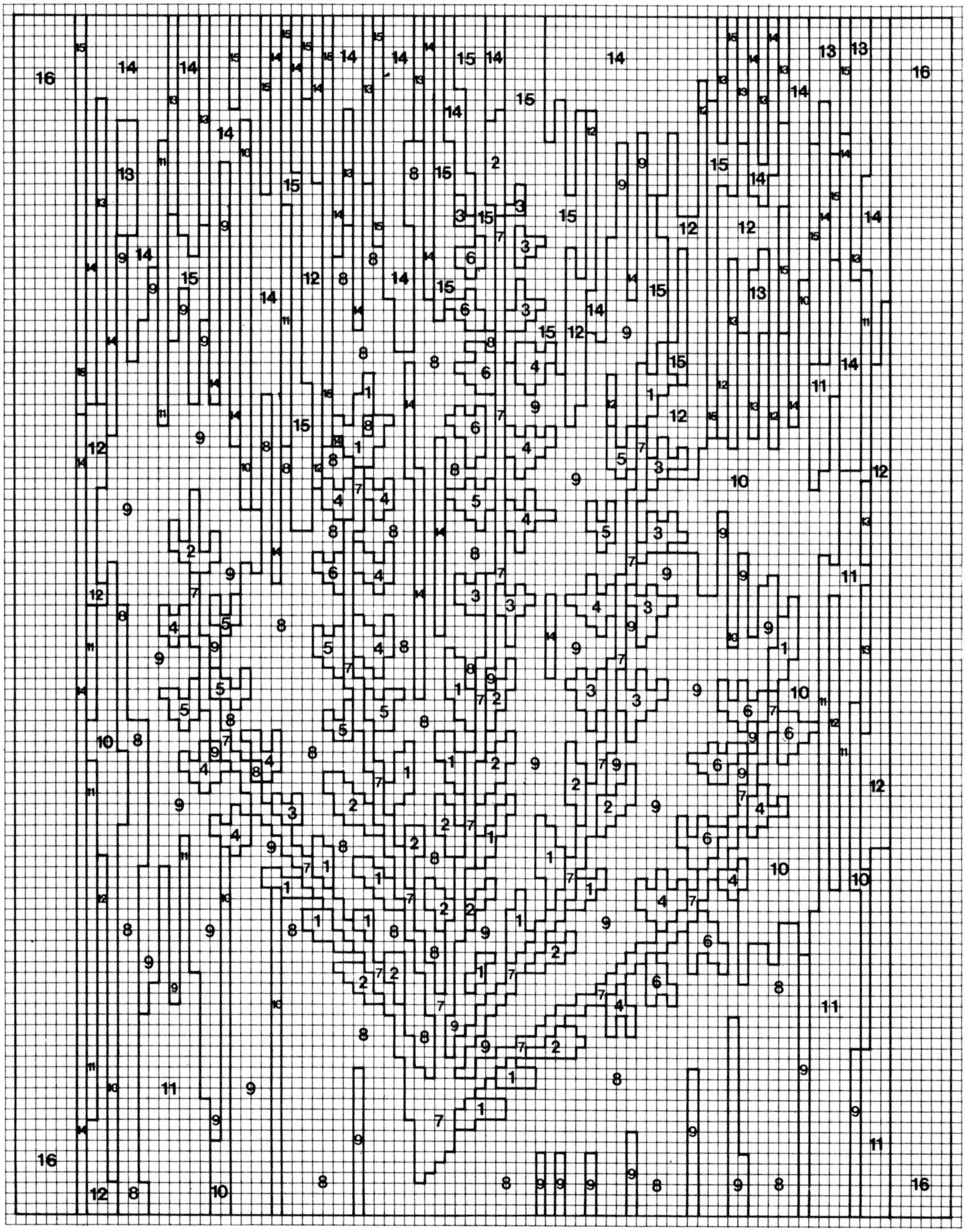

MEZ Sticktwist:

(2 Fäden)
1 = lindgrün 260
2 = hellgrün 261 und oliv 267
3 = lila 99
4 = rosa 75
5 = weinrot 42
6 = lila hell 95 und altrosa 969
7 = hellbraun 369 und graugrün 853
8 = dunkelgrün 877
9 = dunkelgrün 877 und hellgrün 842
10 = oliv 860
11 = oliv 860 und dunkelgrau 400
12 = hellgrau 398 und grün 877
13 = grau 399
14 = graugrün 900
15 = weiß 2
16 = lila hell 95 und 870

Nordische Himbeere

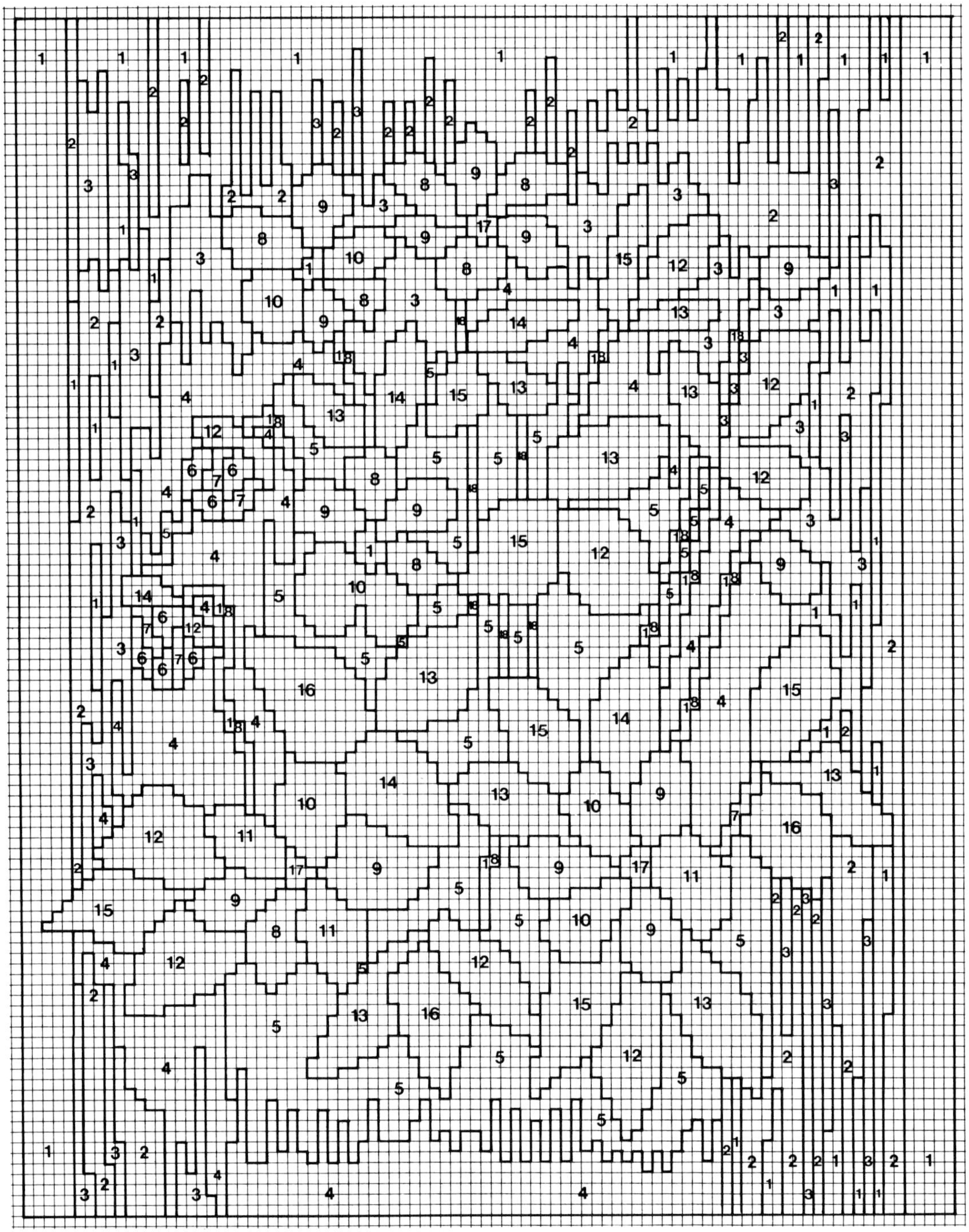

MEZ Sticktwist:

(2 Fäden)
- 1 = weiß 2
- 2 = hellbraun 392 und hellviolett 870
- 3 = beige 392
- 4 = anthrazit 401 und grau 399
- 5 = anthrazit 401
- 6 = altrosa 895 und orange 324
- 7 = violett 873
- 8 = himbeerrot 77 und rosa 26
- 9 = weinrot 42 und himbeerrot 77
- 10 = weinrot 42
- 11 = hellrot 28 und weinrot 42
- 12 = grün 215 und hellgrün 265
- 13 = hellgrün 265
- 14 = hellgrün 265 und oliv 267
- 15 = grün 215 und dunkeloliv 262
- 16 = grün 215
- 17 = hellgelb 301
- 18 = rotbraun 883

Wegwarte

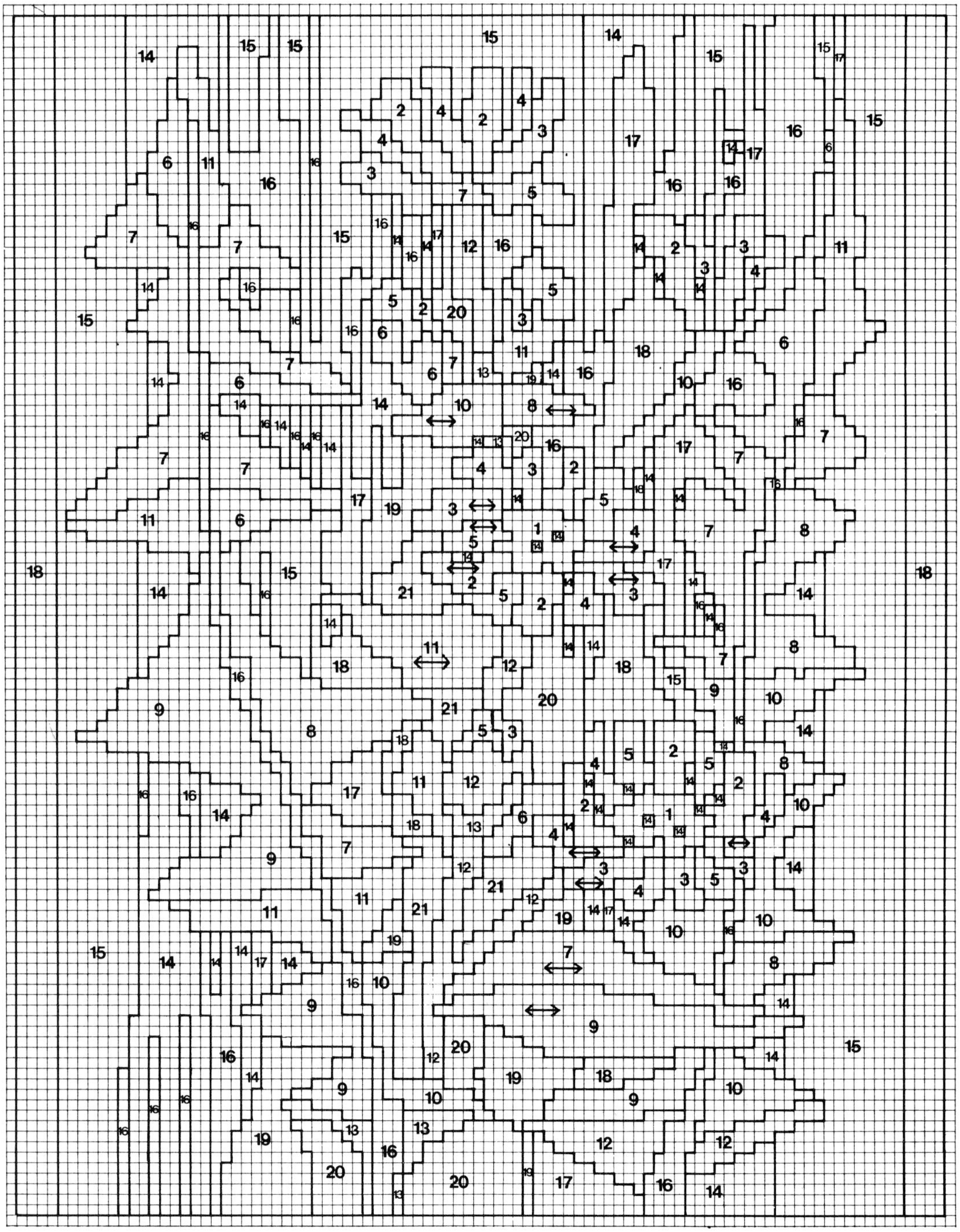

MEZ Sticktwist:

(2 Fäden)
1 = taubenblau 978
2 = hellblau 129
3 = blau 131
4 = helles taubenblau 976
5 = blau 118 und 130
6 = hellgrün 214
7 = grün 266
8 = grün 215
9 = grün 215 und 268
10 = grün 258
11 = grün 265 und hellgrün 214
12 = dunkelgrün 217
13 = sehr dunkles Grün 218
14 = weiß 2
15 = weiß 2
16 = beige 391 und weiß 2
17 = beige 391
18 = beige 391 und graugrün 853
19 = dunkles Beige 832
20 = beigebraun 903 und beigegrün 853
21 = braun 375

Alle Partien mit Pfeilen werden in waagrechter Richtung gestickt, die übrigen Partien senkrecht.

Maiglöckchen

MEZ Sticktwist:

(2 Fäden)
1 = hellgrün
2 = grün 208 und hellgrün 214
3 = hellgrün 215
4 = lindgrün 265
5 = hellgrün 215 und graugrün 258
6 = weiß 2
7 = weiß 2
8 = grün 267

Ginster

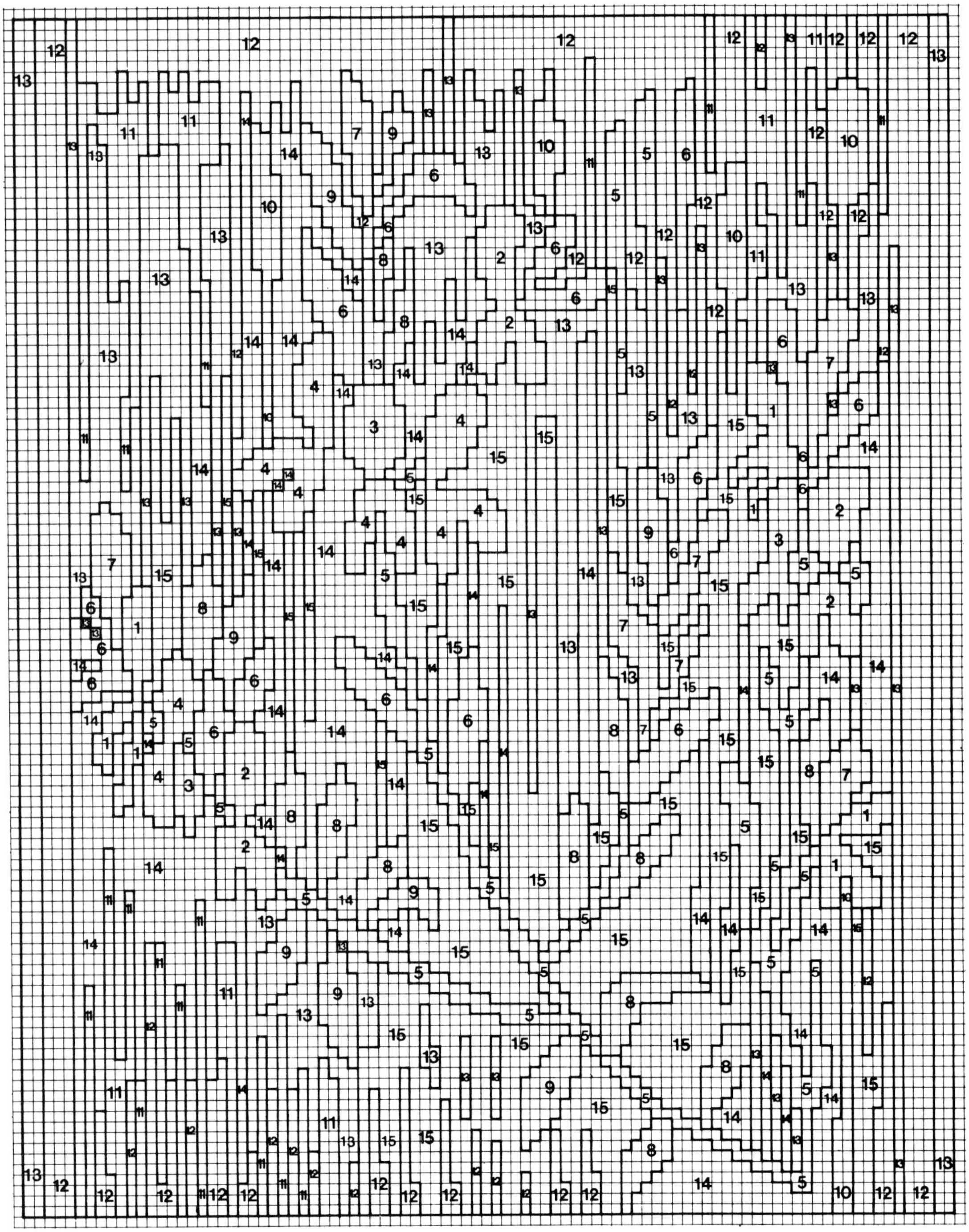

MEZ Sticktwist:

(2 Fäden)
1 = goldgelb 907
2 = goldgelb 907 und gelbbraun 891
3 = orange 314 und rotbraun 349
4 = goldbraun 890 und rotbraun 349
5 = lindgrün 214
6 = grün 215
7 = grün 266 und hellgrün 265
8 = hellgrün 265 und grün 215
9 = helles Oliv 258
10 = grün 266
11 = grün 261
12 = weiß 2
13 = dunkelgrün 262
14 = dunkelgrün 263
15 = dunkelgrün 879 und schwarz 403

Schlüsselblume

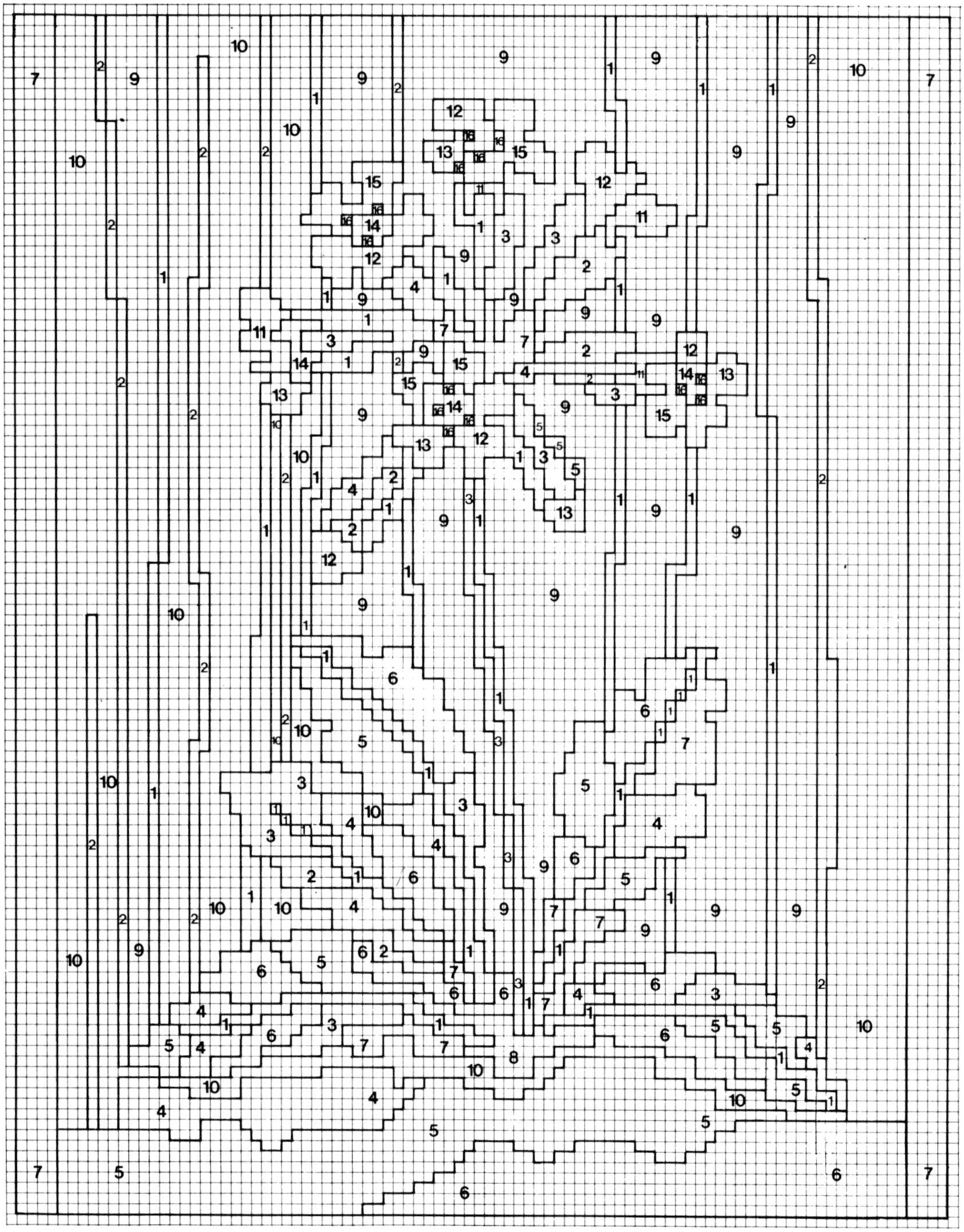

MEZ Sticktwist:

(2 Fäden)

1 = lindgrün 213
2 = lindgrün 214
3 = lindgrün 265
4 = oliv 266
5 = lindgrün 215 und oliv 257
6 = oliv 258
7 = oliv 258 und dunkelgrün 879
8 = dunkelgrün 218
9 = weiß 2
10 = weiß 2
11 = gelb 289 und maisgelb 292
12 = gelb 297
13 = gelb 297
14 = beige 832
15 = gelb 297 und orange 314
16 = rot 333

Moor-Anemone

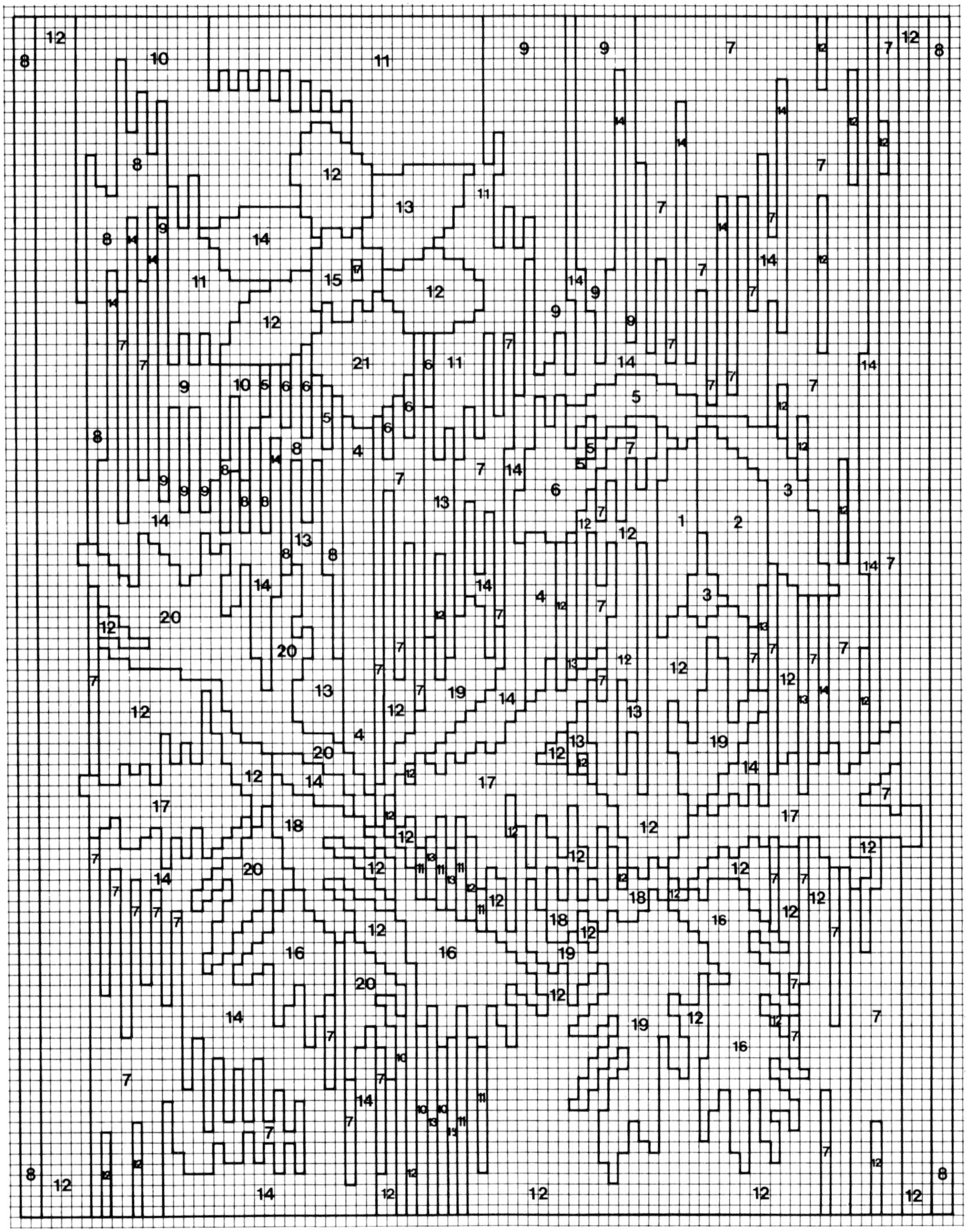

MEZ Sticktwist:

(2 Fäden)

1 = dunkelbraun 380
2 = dunkelrot 896
3 = hellrot 77
4 = altrosa 895 und 896
5 = braun 380
6 = dunkelbraun 381
7 = grün 266 und 848
8 = hellgrün 265
9 = grün 278 und oliv 860
10 = hellgrün 260 und 261
11 = hellgrün 261 und oliv 267
12 = weiß 2
13 = weißgelb 386
14 = weiß 2 und beige 391
15 = oliv 844
16 = dunkelgrün 262
17 = grün 877
18 = dunkelgrün 862
15 = oliv 845 und dunkeloliv 862
20 = grün 267 und 268
21 = weißgelb 386

Eichenlaub

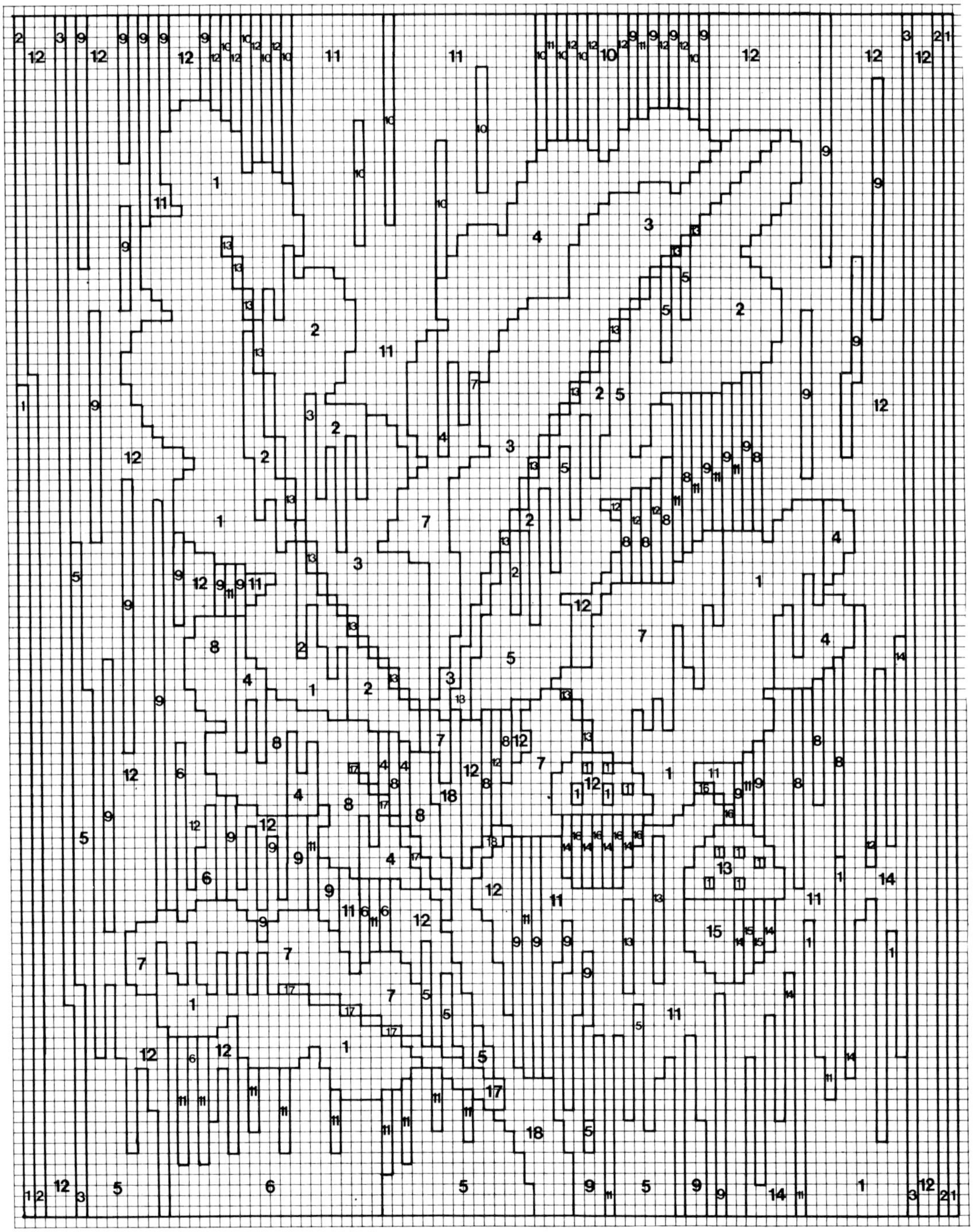

MEZ Sticktwist:

(2 Fäden)
1 = oliv 844
2 = grün 267
3 = dunkelgrün 262
4 = hellgrün 214 und graugrün 213
5 = dunkelgrün 262 und hellgrün 266
6 = grün 257
7 = hellgrün 261 und grün 267
8 = hellgrün 875
9 = hellgrün 260
10 = hellgrau 397
11 = weiß 2
12 = weiß 2 und cremeweiß 387
13 = beigegrün 853 und hellbraun 373
14 = grün 266 und gelbgrün 278
15 = grün 266
16 = graugrün 843
17 = dunkelbraun 381
18 = dunkelbraun 380 und grau 400

Glockenblumen

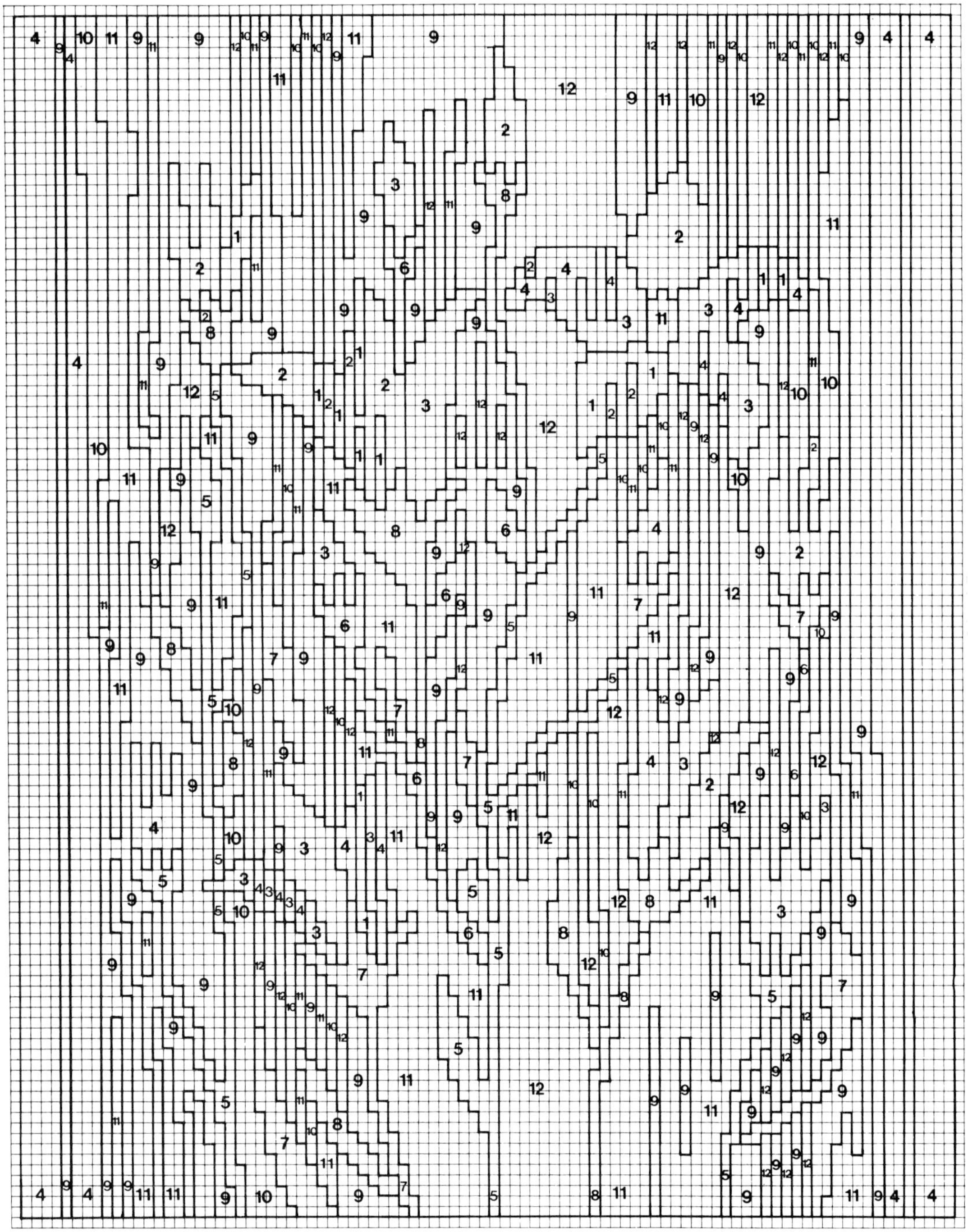

MEZ Sticktwist:

(2 Fäden)
1 = violett 99
2 = lila 101
3 = dunkellila 102
4 = hellblau 117 und taubenblau 939
5 = grün 266 und gelbgrün 280
6 = grün 205
7 = dunkelgrün 879
8 = mittelgrün 877
9 = weiß 2
10 = weiß 2
11 = hellgrün 213 und 875
12 = lindgrün 264

Efeu

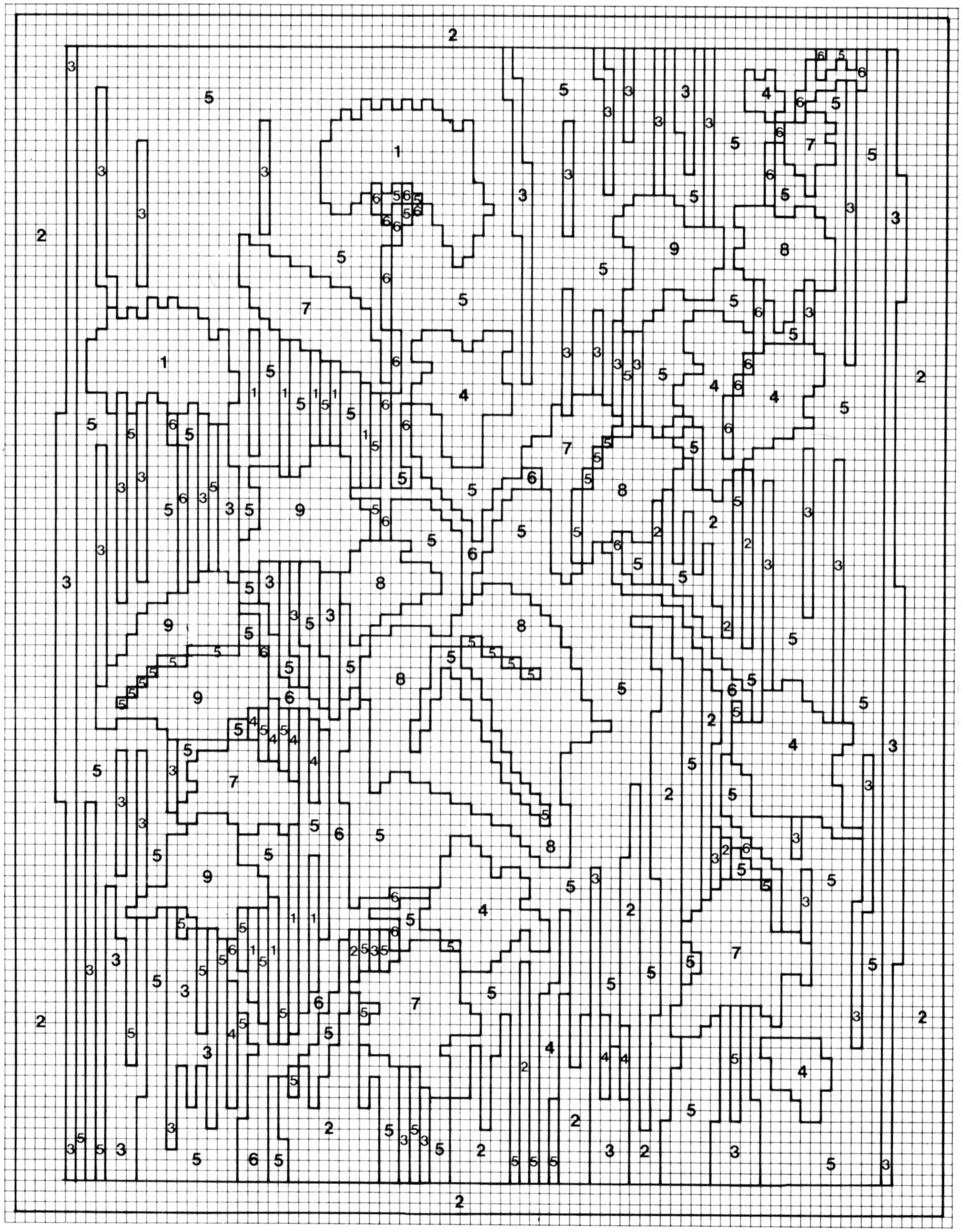

MEZ Sticktwist:

(2 Fäden)

1 = grün 266
2 = dunkelgrün 262
3 = hellgrün 265
4 = grün 261 und oliv 267
5 = Der Hintergrund wird abwechselnd in drei verschiedenen Nuancen (1, 2 und 926) gestickt
6 = dunkeloliv 846
7 = hellgrün 215 und 260
8 = dunkelgrün 268 und grün 266
9 = dunkelgrün 217

Mistel

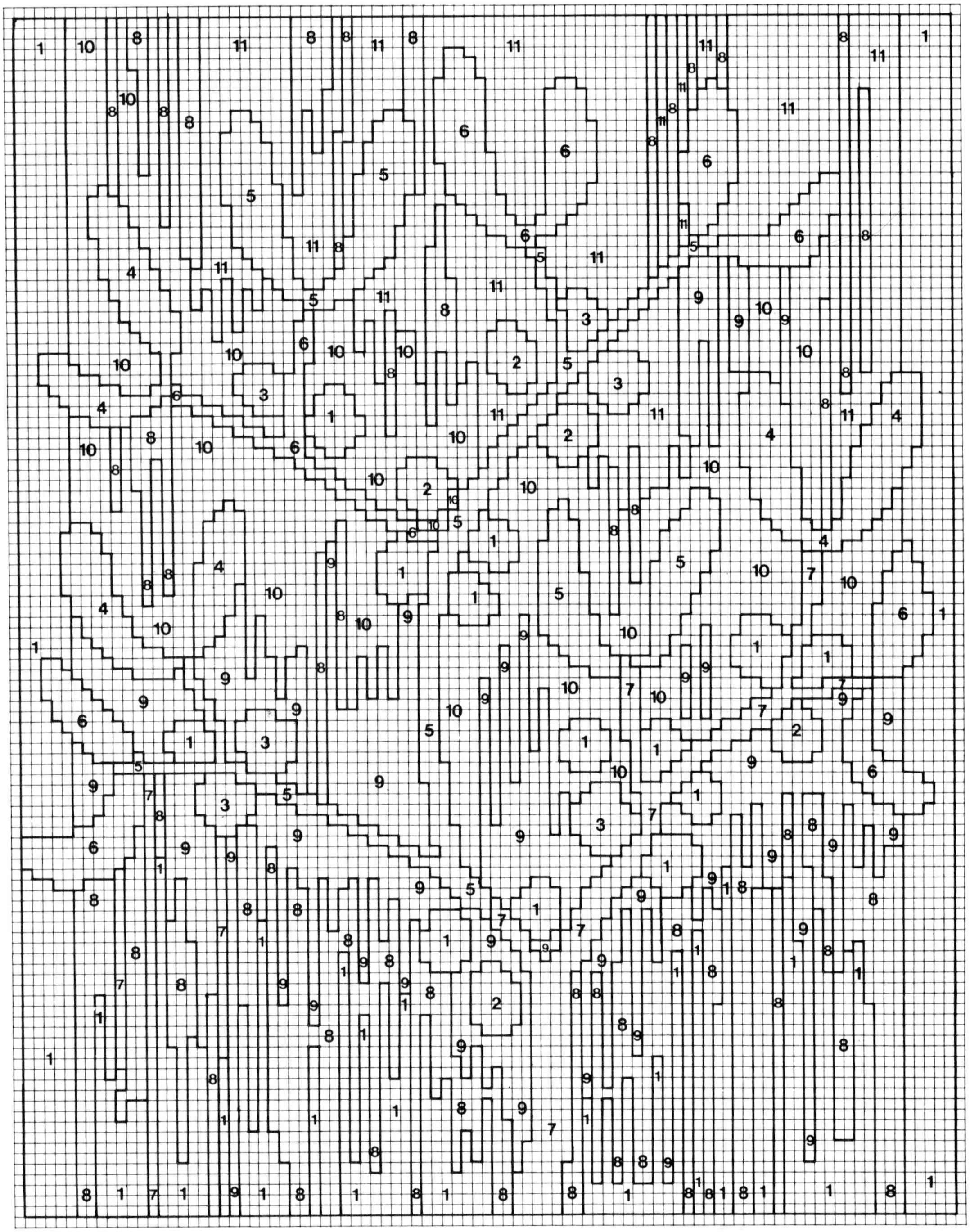

MEZ Sticktwist:

(2 Fäden)

1 = weiß 2
2 = weiß 2 und hellgelb 301
3 = weiß 2
4 = grün 215
5 = lindgrün 265
6 = gelbgrün 280
7 = grün 267
8 = lindgrün 260
9 = grün 861
10 = oliv 845
11 = oliv 860 und hellgrün 842

Geißblatt

MEZ Sticktwist:

(2 Fäden)
1 = helles Oliv 843
2 = hellgrau 397
3 = mittelgrau 399
4 = orange 324
5 = weiß 2
6 = dunkelgrau 400 und hellbraun 903
7 = dunkelblau 380
8 = hellgrün 875 und 261
9 = dunkelbraun 359
10 = hellgelb 301
11 = hellgelb 300
12 = rotbraun 337 und 349
13 = hellgrün 215 und 267
14 = grünblau 922 und dunkelbraun 381
15 = hellgrün 215

König Karls Zepter

MEZ Sticktwist:

(2 Fäden)

1 = goldgelb 291
2 = gelbgrün 280
3 = goldgelb 291 und gelbgrün 280
4 = gelbgrün 279
5 = dunkelgrün 262 und grün 261
6 = hellgrün 217 und 265
7 = oliv 267
8 = dunkelgrün 879
9 = hellgrün 215 und 216
10 = grün 217
11 = hellgrün 265
12 = weiß 1 und 2
13 = weiß 2
14 = oliv 861
15 = dunkelbraun 359
16 = oliv 843
17 = dunkelbraun 381
18 = beige 391 und graugrün 858

Ins Deutsche übertragen von Karin Kessal

Fotos: Seite 12 – 29 Olof Wallgren
Musterzeichnungen: Ewa Mattill

Titel der schwedischen Ausgabe: Blommande broderier

ISBN 3-475-52487-2